MELHORES
POEMAS

Thiago de Mello

Direção
EDLA VAN STEEN

MELHORES POEMAS

Thiago de Mello

Seleção
MARCOS FREDERICO

© **Thiago de Mello, 2007**
1ª Edição, Global Editora, São Paulo 2009
1ª Reimpressão, 2021

> **Jefferson L. Alves** – diretor editorial
> **Flávio Samuel** – gerente de produção
> **Gustavo Henrique Tuna** – editor assistente
> **Dida Bessana** – coordenadora editorial
> **Alessandra Biral e João Reynaldo de Paiva** – assistentes editoriais
> **Antonio Alves e Evandro Freire** – revisão
> **Victor Burton** – projeto de capa
> **Antonio Silvio Lopes** – editoração eletrônica

Obra atualizada conforme o
NOVO ACORDO ORTOGRÁFICO DA LÍNGUA PORTUGUESA

Dados Internacionais de Catalogação na Publicação (CIP)
(Câmara Brasileira do Livro, SP, Brasil)

Mello, Thiago de
  Melhores poemas Thiago de Mello / Edna van Steen [direção] :
Marcos Frederico Krüger Aleixo [seleção e prefácio] – 1. ed. –
São Paulo : Global, 2009. (Coleção Melhores Poemas).

  Bibliografia.
  ISBN 978-85-260-1395-7

  1. Poesia brasileira I. Steen Edla Van. II. Aleixo, Marcos Frederico
Krüger. III. Título. IV. Série.

09-06518   CDD: 869.91

Índices para catálogo sistemático:
1. Poesia : Literatura brasileira   869.91

Direitos Reservados

global editora e distribuidora ltda.
Rua Pirapitingui, 111 — Liberdade
CEP 01508-020 — São Paulo — SP
Tel.: (11) 3277-7999
e-mail: global@globaleditora.com.br

- globaleditora.com.br
- /globaleditora
- blog.globaleditora.com.br
- /globaleditora
- /globaleditora
- /globaleditora
- /globaleditora

 Colabore com a produção científica e cultural.
Proibida a reprodução total ou parcial desta obra
sem a autorização do editor.

Nº de Catálogo: **2975**

Marcos Frederico Krüger Aleixo nasceu em Manaus, no dia 7 de abril de 1949. Em 1982 concluiu o mestrado na Universidade Federal do Rio de Janeiro, onde, sob a orientação do poeta e crítico Gilberto Mendonça Teles, defendeu a dissertação intitulada *Introdução à Poesia no Amazonas*. Em 1997, ainda sob a luz do mesmo orientador, defendeu na Pontifícia Universidade Católica-RJ tese de doutorado sobre a mitologia da região do Alto Rio Negro e seu reaproveitamento por escritores amazonenses. Chamou-se *Recriando a criação* e foi publicada, em 2003, pela Editora Valer, de Manaus, sob o título de *Amazônia:* mito e literatura. Em 2006 ganhou o Prêmio L. Ruas, da Prefeitura Municipal de Manaus, com o ensaio literário *A sensibilidade dos punhais*, publicado em 2007 pelas Edições Muiraquitã. Tem livros paradidáticos e vários artigos em revistas e livros diversos. É professor aposentado da Universidade Federal do Amazonas, tendo sido orientador de cerca de uma dezena de dissertações no mestrado em Sociedade e Cultura na Amazônia. Atualmente, trabalha no curso de Letras da Universidade do Estado do Amazonas (UEA).

VEREDAS LÍRICAS DE THIAGO DE MELLO

1945 – fim da Segunda Guerra Mundial. Um mundo em ruínas, sonhos desfeitos, decepção geral com o uso desumano da tecnologia. Esse quadro se completaria quando, em agosto, bombas atômicas foram lançadas nas cidades japonesas de Hiroshima e Nagasaki, massacrando populações civis. Um mundo realmente em escombros.

Como reflexo dessa realidade impiedosa, uma nova geração de artistas surgiu no cenário literário brasileiro. Esse momento não consta apenas de poetas – observa-se o surgimento, mais ou menos nessa época, de artistas singulares como Clarice Lispector, João Guimarães Rosa, Aníbal Machado.

Entretanto, é a poesia que marca o período do imediato pós-guerra. Tanto que, ao nos referirmos à Geração de 45, é nos poetas que pensamos. Naqueles que cantaram em meio ao caos. Esse é, pois, um período fragmentado, partido em ânsias e desesperanças. Esse período é de *transformação* do Modernismo, estilo que, na década de 1920, teve a fase da *instalação* e, na década de 1930, a da *afirmação*. Em virtude das peculiaridades da poesia que se começou a fazer nos anos 40, há quem afirme ter sido esse o momento da *superação* dos postulados modernistas e o ingresso na pós-modernidade.

A "poesia do caos" (ou a da Geração de 45) apresentou duas vertentes: a primeira, de cunho existencial, constante da maior parte dos textos; a segunda, de cunho social. Na forma, sem referência às exceções, percebe-se uma volta ao verso tradicional, metrificado, rimado. No conteúdo, predominam os temas intimistas e espirituais. Quanto à linguagem, são textos que se estruturam tendendo à obscuridade, graças ao uso de significados não controláveis na comunicação diária.

Dentre as vozes do período, destaca-se aquela sobre a qual comentaremos: a dicção única de Thiago de Mello.

* * *

Em 1951, com o livro *Silêncio e palavra*, estreava na literatura o poeta Amadeu Thiago de Mello, nascido na pequena cidade de Barreirinha (Amazonas), em 1926. A estreia entusiasmou os críticos, a tal ponto que Álvaro Lins, um dos mais conhecidos à época, ao comentar essa primeira obra, disse, entre outros elogios, o seguinte: "Poetas principais da nossa literatura moderna: estou tentado a pedir-vos um lugar, ao vosso lado, para o poeta de *Silêncio e palavra*".

Segundo as principais diretrizes artísticas do período, Thiago se apresenta, nessa primeira elocução, com preocupações existenciais. Considera, por isso, que mal somos "Nascidos... e nos tornamos/ embocadura de nossas mortes" (*Poema de nossas mortes*). O tempo é o inimigo que nos defronta no caminhar inexorável para o fim. Foi ele quem "lançou o dardo/ que há séculos vem ferindo" (*O trabalho*).

Uma fortaleza possível contra a morte é a Poesia. Por isso, em momento de intensa iluminação, o poeta diz: "Somente sou quando em verso" (*Rumo*). Ele sabe que "Preciosa terra existe/ rondada por altos muros/ onde só penetraremos/ por senda única, estreita,/de palavras construída" (*Da poesia*).

Para penetrar no país Poesia, é necessário arrojar-se à aventura. Daí por que ele estima "o velejar fácil/ de barca singrando o rio/ sem qualquer ânsia de porto" (*Barcos e ventos*). Arroja-se às águas procelosas, para que a aventura seja maior: navega "em nave de sonho/ sobre os caminhos do mar" (*Viagem*). Necessário arrostar o perigo, pois só aos heróis é dada a vitória, só eles conseguirão transpor a fronteira da terra Poesia.

No conteúdo de *Silêncio e palavra*, Thiago expressa o que fizera em vida, quando abandonou no quinto ano um curso de Medicina (sempre promissor em termos financeiros) para se dedicar ao lirismo. Aos que se escandalizaram com o fato, só lhe resta lamentar, como o faz nesta magnífica metáfora: "Ai, triste é ser como o búzio/ que, fabulário, resguarda/ em seu côncavo o murmúrio/ do mar a que pertenceu,/ no entanto jamais se escuta" (*Barcos e ventos*). O búzio é a peça esquecida nas areias, é a inútil presença; o homem cotidiano é o ser à margem da aventura, que se deteriora com o tempo, sem pressentir utopias.

Os poemas de *Silêncio e palavra* se apresentam metrificados em versos de 5, 7 e 10 sílabas (salvo exceções irrelevantes). Não se observa, porém, a preocupação com as rimas. Essa estrutura é expressiva não apenas em relação ao conteúdo do livro, mas em relação ao contexto histórico em que se vivia. Trata-se, sem dúvida, de uma grande concepção do poeta.

Se os versos metrificados propõem um ritmo regular, as rimas intensificam no leitor a sensação de musicalidade. Adotando apenas uma das técnicas, Thiago mantém-se a meio caminho entre a música e sua ausência, entre o som e a mudez, entre a *palavra* e o *silêncio*. Ao mesmo tempo que a métrica organiza uma estrutura para os textos, significando a esperança na reconstrução do mundo, a rima expressa o contrário: a realidade do pós-guerra, o mundo fragmentado em que nenhuma canção seria bem-vinda.

A mesma vereda lírica, com nuances a entrecruzar-se, continua no segundo livro: *Narciso cego*, de 1952. Já o título é sugestivo da postura que o poeta para si delinearia nos livros seguintes. O termo "Narciso" foi extraído da mitologia grega e se refere ao jovem que se apaixonou por sua própria imagem. Porém, o "Narciso" de Thiago é cego, o que contraria o significado do termo "narcisismo", em sua acepção atual. Sendo *cego*, o narciso que é o poeta não é apaixonado por si mesmo, mas pelo outro, ou melhor, pelos outros, que compõem o conjunto dos seres humanos.

Claro que o título *Narciso cego* admite interpretação mais próxima ao senso comum. Dessa forma, o conteúdo do poema-título expressa a incapacidade de cada um em sua condição de indivíduo. Eis por que o poeta afirma: "Tudo o que de mim se perde/ acrescenta-se ao que sou./ Contudo, me desconheço".

Eis, portanto, o poeta na fase inicial de sua carreira, a qual se completaria com *A lenda da rosa* (1956), livro onde já se prenuncia a transição para a vereda definitiva que trilharia, de preocupações sociais. É o que se observa, por exemplo, nos versos: "Em torno do bosque/ vive a multidão/ dos desabraçados" (*A multidão desabraçada*). Em consonância com a polissemia que permeia a arte poética, é admissível interpretarmos o bosque como o lugar das utopias, enquanto a multidão dos solitários aspira a seus frutos. É essa utopia, lugar do amor e da igualdade, que servirá de balizamento a Thiago para uma nova construção lírica.

* * *

Antes, porém, de *Faz escuro mas eu canto* (de 1965), livro que marcaria sua adesão definitiva à poesia social, o poeta publicou o primeiro *Vento geral*, título com que designa as sucessivas antologias de sua obra. Nessa primeira oportunidade, à seleção de textos dos primeiros livros, Thiago anexou outras pequenas produções: o *Romance do primogênito*, composto em 1952 para saudar o nascimento do filho Manuel (Manduca); *O andarilho e a manhã*, conjunto de poemas feitos entre 1953 e 1955; *Tenebrosa acqua*, cinco poemas (ou episódios) escritos em 1954; *Toadas de cambaio*, genericamente assinados como versos escritos até 1959; e, finalmente, as *Ponderações que faz o defunto aos que lhe fazem o velório*, de 1960.

Em todos esses textos, a marca registrada do poeta se faz presente: a de uma lírica que ao leitor parece suavemente dita. Neles predomina ainda a interrogação sobre o sentido da existência, como ocorre quando problematiza essa questão em referência ao filho recém-nascido: "Como cresce uma flor,/ em teu âmago cresce/ a pergunta: 'A que vim?'" (*Palavras ao nascituro*). E também permanece a angústia com o fluir inexorável do tempo: "Mal te instalaste no mundo/ e já obedeces, submisso,/ à lei severa do tempo:/ vagarosamente cresces" (*O crescimento*).

O andarilho e a manhã referencia no título o poeta e a esperança. Mas não há a unidade do *Romance do primogênito*, tendo como característica assuntos diversos: é o mundo e sua pluralidade a se ofertar à percepção do poeta. Já em *Tenebrosa acqua*, vemos novamente um texto unitário, composto de cinco sequências: *O barco, As águas, Os ventos, O barqueiro, A caravela*. Nesses poemas, o percurso existencial do homem está magnificamente "descrito". Volta-se o eu lírico para o tema da aventura, do rompimento com o cotidiano, em que pesem os perigos e as armadilhas que surgirão: "Subitamente,/ alvíssimas as velas floresceram,/ retive o rumo, os remos revoguei,/ e as águas, tenebrosas, se rasgaram" (*A caravela*).

Depois, as *Toadas de cambaio*; "cambaio", no caso, significa aquele que tem o andar trôpego. É uma metáfora que o poeta criou para si mesmo, querendo com modéstia ilustrar seu percurso no mundo, sua compreensão da vida.

Finalmente, para encerrar o primeiro *Vento geral*, constam as *Ponderações que faz o defunto*. Sendo uma unidade, é impossível ler apenas um ou dois textos. Faz-se necessário absorver o total. Apesar do tema, nesse conjunto a angústia existencial está atenuada em função da fina ironia que perpassa os versos e que lhe conferem grandeza: "Quanto me alegra servir/ para a desculpa bem dada/ do marido andariego/ que, me usando assim, não sabe/ nem se imagina o prazer/ que dá a esse peito vazio" (*Quarta parte*).

* * *

Maduro, porém, estava o tempo e uma nova colheita se anunciava. Para usar uma imagem à Thiago de

Mello, fez-se "noite" na política brasileira, com o golpe militar de 1964. Recriando Luís de Camões, diremos: mudaram-se os tempos, mudou-se a vontade do poeta. E, tal como outro grande poeta, Carlos Drummond de Andrade, no poema *Mãos dadas*, Thiago percebeu que a matéria de sua poesia, a partir daí, seria "o tempo presente, os homens presentes a vida presente".

Em 1965 publica, com o novo *sentimento* que passou a ter *do mundo* e da arte, o livro *Faz escuro mas eu canto*, em que a linguagem subjetiva dos primeiros livros, típica da Geração de 45, foi atenuada. Dessa forma, o poeta pôde comunicar sua verdade aos leitores. Não se trata, nessa situação específica, de fazer prosa em versos, mas de manter-se no fio da navalha da linguagem literária: fazer poesia política, sem deixar de fazer, antes de tudo, Poesia.

Em *Faz escuro mas eu canto* já constava o famoso poema "Os Estatutos do Homem", que foi depois desmembrado e ganhou sucessivas edições em livros independentes. Em treze artigos, o poeta proclama a utopia com que sonha: "o lobo e o cordeiro pastarão juntos/ e a comida de ambos terá o mesmo gosto de aurora". Em consonância com o sonho de liberdade, os versos não são metrificados, o que significa que nada existe a prender seu pleno fluir. "Os Estatutos" ilustram o "fio da navalha" acima referido, pois, sendo um texto claro e comunicativo, não dispensam o uso de figuras de linguagem: "o dinheiro se transformará em uma espada fraternal" e "tudo será permitido,/ inclusive brincar com os rinocerontes" são exemplos sugestivos da nova prática lírica.

Na *Canção para os fonemas da alegria*, Thiago saúda Paulo Freire, o pedagogo que empreendeu uma cruzada pela alfabetização, mas uma outra, que fizesse do adulto alfabetizado um ser consciente de seu papel político no mundo. Uma alfabetização não alienada, que ensinasse "a pelejar no limpo, fronte a fronte,/contra o bicho de quatrocentos anos".

Em muitos e muitos outros textos, o desvelar da bandeira contra o capitalismo ("o bicho de quatrocentos anos") se faz presente, pois essa é a vereda agora escolhida pelo poeta para caminhar, paradoxalmente, com as asas da Poesia.

E seguem-se, nos livros que compõem a carreira do poeta Thiago de Mello, a mesma flama, a mesma perseguição de uma utopia que ele espera que o homem, um dia, possa construir. Não a *Utopia* de Thomas More nem a da *Cidade do sol*, de Tommaso Campanella, de resto simulacros de felicidade, pois traziam em embrião os germes do fascismo, já que os indivíduos que não se adaptassem às estruturas sociais seriam irremediavelmente punidos. Muito menos a utópica *República*, do filósofo grego Platão, porque nessa os poetas sequer seriam admitidos.

A Utopia particular de Thiago se estende por seus livros, até mesmo aqueles que têm feição regionalista, como *Mormaço na floresta* (1981) e *Amazonas, pátria da água* (1987). É um país em que predominarão a alegria e a inocência das crianças, terra em que o homem não saberá o que é liberdade, pois ela será geral, como o ar que se respira. Lendo Thiago de Mello, percebemos que o sonho ainda não acabou.

Marcos Frederico

POEMAS

SILÊNCIO E PALAVRA*
(1951; 2001)

---

*   Os poemas aqui transcritos seguem a grafia da edição comemorativa dos 50 anos, os quais foram em alguns pontos modificados pelo autor.

NA MANHÃ DO MILÊNIO*

De que valeu o assombro indignado
e esta perseverança que me acende
em pleno dia a estrela que me guia,
seguro do meu chão e do meu sonho?

De que valeram todos os prodígios
da ciência mergulhando na espessura
mais escura do espaço e dominar
jamais imaginadas vastidões
para encontrar a luz fossilizada?

De que valeu meu passo peregrino
pelo tempo, meu canto solidário,
a entrega ardente, a dor desmerecida,
o viver afastado do meu povo,
só porque desfraldei em plena praça
a bandeira do amor?

Do que valeu,
se hoje, manhã deste milênio novo,
avança, imensa e escura, bem na fronte,
a marca suja da miséria humana

---

* Poema que não consta da 1ª edição, a de 1951. Foi publicado como
texto inicial da edição comemorativa dos 50 anos de ofício poético de
Thiago de Mello.

gravada em cinza pela indiferença
dos que pretendem donos ser da vida;
calada avança uma legião de crianças
deserdadas do pão e todavia
capazes de sorrir: maior milagre
do século perverso que findou?

De que valeram todas as palavras
que proferi na treva da esperança?
Tão pouco, talvez nada. Não consola
saber que fiz, que fiz a minha parte,
que reparti com tantos o diamante,
e olhei de frente o sol para aprender
que tudo vale a pena quando a alma
não é pequena.

                    Não sei o tamanho
da minha alma. Só sei que vou varando
o fim do rio, posso discernir
a margem que me chama. Obstinado,
confiante sigo o cântico distante
da estrela alucinante. Que destino
de estrela é o de brilhar e, mesmo extinta,
fulgurante perdura sobre os homens.

SILÊNCIO E PALAVRA

I

A couraça das palavras
protege nosso silêncio
e esconde aquilo que somos.

Que importa falarmos tanto?
Apenas repetiremos.

Ademais, nem são palavras.
Sons vazios de mensagem,
são como a fria mortalha
do cotidiano morto.
Como pássaros cansados,
que não encontraram pouso
certamente tombarão.

O tempo madura a fruta,
turva o fulgor da esperança.
Na suavidade da treva
urde o resplendor da rosa.
Mas não ensina a palavra
de pétalas de esmeralda
que o homem noturno espera
florescer da nossa boca.

II

Se mãos estranhas romperem
a veste que nos esconde,
acharão uma verdade
em forma não revelável.
(E os homens têm olhos sujos,
não podem ver através.)

Chegará quem sabe o dia
em que a oferenda dos deuses
dada em forma de silêncio,
em palavra transfaremos.

E se porventura a dermos
ao mundo, tal como a flor
que se oferta – humilde luz –,
teremos então cumprido
a missão que é dada ao poeta.
E como são onda e mar,
seremos homem e palavra.

CANTO RASTEIRO

Na várzea transitamos,
esfinge que te escondes nas montanhas.
Rasteiros, provisórios,
sonhamos o silêncio em que te bastas.
(Talvez o decifrar-te
ocorra em várzea mais definitiva.)

Que importa permitires a escalada
da montanha sem topo,
se a cada passo nosso mais recuas
e mais em ti penetras?

Tentamos-te com sons:
desde as vozes de outrora
e antigos instrumentos
aos nossos pobres cantos
de timbres vacilantes.
Inútil. De silêncio
persistes guarnecida.

Vagamos pela várzea
a esperar que te ofertes, como a chuva,
enquanto nossa boca
modela sons que informam do mistério.

ACALANTO PARA O NÁUFRAGO

Oceânica preferiste
– por funda, talvez por verde –
a derradeira morada.

Do verde mar e profundo
o sal te desfigurou.
Porventura algum resquício
de teu corpo inda frequente
escuro marinho lugar.
Mas que o sal queimou-te a brasa
da angústia que te foi sempre
(quando entre os homens andava)
a mais fiel companheira:
a duelada, repelida,
rija adversária do sonho,
não obstante companheira.
Em vão te refugiavas
nos arrabaldes do engano.
Intacto, porém, o sonho
que contigo naufragou
perambula pelo mar,
às algas indiferente,

aos peixes impressentível,
alheio ao líquido meio.
Jovem náufrago desfeito,
por, sobretudo, ser grande,
teu sonho não se desfez.
E num porvir ignorado
do verde mar e profundo
decerto retornará.
(De sonho carece o mundo.)

Amanhecido na praia,
crianças o encontrarão
impregnado de verde.

POEMA DE NOSSAS MORTES

A João Condé

Nascidos... e nos fazemos
embocadura de mortes.
A cada instante morremos,
dessa morte renascemos,
e assim morrendo nos vamos,
até que nos chegue o termo
definitivo.

A morte que enrijeceu
o corpo do meu amigo
e findou tanto labor
apenas inaugurado;
a morte que, pouco a pouco,
nos vai chamando a povoar
seu território inexato;
a que, brusca, faz cessar
correr de sangue nas veias.
Conquanto de grande porte
essa morte não cantamos.
Também a prosaica morte
de vocábulos extintos,
encontradiços talvez

em distantes pergaminhos;
a de línguas esquecidas
que em passadas gerações
substanciaram ideias,
alando o corpo da História;
o dissolver-se brumoso
de algum nítido semblante
que, já desfeito, existia
na memória fatigada:
essa morte esqueceremos.

Porém nunca olvidaremos
esta branda morte branca
que nos embarga a matéria
de prosseguir em seu trânsito,
e a mais aguda inspeção
não lhe descobre a passagem
pelo caminho que somos.
Entretanto, alguma vez
nos deixa um débil sinal:
(uma inscrição esmaecida
em nossos olhos já gastos)
e os cabelos vão branqueando,
tão negros de minha mãe.

Este nosso frágil corpo
– não aparenta – é sepulcro
das mortes que nos alentam.
Embora dissimulemos
por sobre o múltiplo rosto,

trazemos em nós a morte
da sublime tentativa
de malogro inesperado;
da chama que vento rude
em noite escura apagou;
do riso que se extinguiu
em criança já deslumbrada;
da infante mão inocente
que, adulta, se revelou
em gesto nunca esperado;
da festiva minha casa,
moradia da esperança,
que essa morte transformou
num apenas edifício;
e a morte que enegreceu
a translúcida matéria
de que era feito o meu sonho.
Essas mortes carregamos
tão fundas em nosso peito,
que jamais as perderemos.

Nem tudo, porém, é morte.
Há momentos em que surge
de nosso noturno solo
a insonhada flor da aurora.

Esse instante que retemos
em sua real plenitude,
desintegra-se do espaço,
furta-se à morte do tempo.

Esse momento fugaz
merece o nome de vida.

O MURO INVISÍVEL

É inútil minhas palavras
ultrapassarem fronteitas,
se eu ainda permaneço.

Muro invisível existe
entre o dizer e o fazer
e, talvez, à sua sombra,
apenas envelheçamos.

Jamais saberá a relva
quando o orvalho descerá,
e é dádiva da terra
o que amadurece os frutos.

Sou qual ávida planície
esperando vir dos céus
a chuva fertilizante.
Entrementes, vejo flores,
sem saber se as colherei.

O PÁSSARO LOUCO

É apenas um pássaro.
De adornos sucintos
e pobre plumagem.

No entanto, rejeita
o pouso mais rútilo
de toda a paisagem
que o mundo lhe oferta.

É pássaro, insisto.
Contudo, se alheia
aos amplos espaços.

Somente alça o voo
no justo momento
– e súbito canta! – :
é quando vislumbra
o efêmero pouso
fincado no azul.

Nem sabe se o alcança,
mas, louco, se impele.
(De pássaro e pouso
quão pouco sabemos.)

Mas fica e cintila
– cristal no infinito –
o insólito canto
do pássaro louco.

BARCOS E VENTOS

Estimo o velejar fácil
de barca singrando o rio
sem qualquer ânsia de porto.
No singrar já se compraz.

Além das águas, desejo
ouvir o rumor do vento
que agita o mar e saber
a que rumo ele me impele.

Ai, triste é ser como o búzio
que, fabulário, resguarda
em seu côncavo o murmúrio
do mar a que pertenceu,
no entanto jamais se escuta.

A TORRE

Ergo as mãos do labor e considero
a torre que a meus olhos se fronteia.
Longa e altaneira, resumindo o tempo
e nele se aparando, a torre investe.

Calmo, investigo a rígida estrutura:
nela descubro a antepassada busca
de milhares de mãos, e o pensamento
mais lúcido e severo, e corações
que desse pensamento se bastaram;
e as armas do universo, organizadas
em feixes quanto à vã propriedade
de reduzir o sonho a geometrias
que todos utilizem para a morte.

E vozes escutei vindas da torre
(talvez perseverantes sentinelas):
de bocas relatando maravilhas
de cálculos exatos e certezas
maiores que as de fábulas e mitos.
Furtavam-se, no entanto, a revelar,
à custa de vocábulos humildes,
o oceano recôndito e profundo
onde barcos não logram navegar.

E os ofícios da terra, os mais diversos,
as ofertas de máquinas possantes
já inúteis se revelam, reduzidos
à pedra e barro apenas aplicáveis
nessa torre que se ergue na cobiça
de ultrapassar as raias do infinito.

II

À procura de uma pedra
que também componha a torre,
em seu âmago penetro.
Pela cor, pela feição,
pelo fulgor que já sonha,
hei de encontrá-la. E procuro.
Mas só descubro o cristal
de sucedâneos inúteis.

Cesso, de todo, a pesquisa,
por sabê-la interminável.
Em pedra não se converte
o que buscamos: amor.

E nela percebo, agora,
em aparência maciça,
um vazio: como à espera
de que operários fabriquem
um metal equivalente

à crença que ampara os loucos:
em trevas a luz se esconde
e de trevas se renova.

III

Contudo, reparo:
a torre floresce.
Mas pobres as flores,
embora radiosas,
nascidas de solo
em que pedras se erguem.
De múltiplas cores
e pétalas raras,
escondem no pólen
que o vento transporta
aos campos da terra,
estranho poder
que flores destrói,
capaz de abater
inteiros jardins.

Mais rico é o pólen
de flores humildes
que brotam, escassas,
na terra do sonho.

Nem mesmo sabemos,
ao termos a flor,
se à terra a furtamos,
se foi oferenda
que a terra nos fez.

O vento do mundo,
em troca, a rejeita.
Mas, imperecível,
o pólen do sonho
reflorescerá
em campos eternos.

IV

Oh, como esplende a torre, como investe
em demanda dos páramos divinos,
que finalmente em pedra convertê-los,
é a esperança maior de seus artífices
em trabalho sem fim, mas esquecidos
de que a base da torre, edificada
nos começos, por mãos de pecadores,
repousa sobre areias fugitivas.

SENHORA

Para Ivete Mariz, meio século depois.

Senhora, a noite se acaba,
e ao retorno da manhã
entregarei minha face
sazonada de desejo.

Intangível na distância,
cerrada em vossa opulência,
ah, senhora, despertais
intenções de abraço em brasas
neste que apenas vos olha.

Jamais vejo meu tormento
refletir-se no cristal
de vossos olhos acesos.
Nem me converto em matéria
da arquitetura do sonho
que visita vossas noites.

Habitais outro universo,
outros os sóis que vos douram.

Ah, quanto seria belo
naufragar no mar profundo
que circula em vossa carne.

VIAGEM

Navego em nave de sonho
sobre os caminhos do mar.
Altas estrelas me guiam:
em que terras vou findar?

Noção de fim é precária
e impede rota segura,
todavia, colabora
na lida do velejar.

Fulge o sol: mar é cristal.
Entretanto, nunca espelha,
além da imagem do barco,
o que consome o barqueiro.

Segue o remo e raro fere,
entre os rudes vagalhões,
a vaga preciosa vinda
das serenas profundezas.

E enquanto navego, lego
um pouco de minha carne
para nutrir esse mar
(porventura o enriquecendo).

Não que desvelo ou ternura
eu tenha por suas águas,
mas em tributo forçado
do que em mistério me oferta
(acaso me consumindo).

Luzes de faróis não logram
informar-se longe, além,
é apenas e sempre mar
ou se porto encontrarei.

Navego em nave de sonho
sobre os segredos do mar.

RUMO

A Geir Campos

Somente sou quando em verso.

Minhas faces mais diversas
são labirintos antigos
que me confundem e perdem.

Meu pensamento perfura
muros de nada, à procura
do que não fui nem serei.

Ante a carne fêmea e branca
meu corpo se recompõe
ofertando o que não sou.

Meu caminhar e meus gestos
mal e apenas anunciam
minha ainda permanência.

Para chegar até onde
não me presumo, mas sou,
sigo em forma de palavra.

ENCONTRO COM O PAI

Os olhos, no pai,
serenos eu ponho.
E vejo-lhe o rosto
que acusa os sinais
de outono e de chuva.
Mas também lhe vejo
no olhar um clarão.
É a chama, suponho,
de fogo divino
que todos retemos,
dormido, porém.

Indago ao passado
do rosto presente:
e o vejo, severo,
buscando caminhos
em mapas já rotos.
Meus olhos adultos,
de longe tornados,
agora fronteio
aos olhos do pai:
e noto a profunda,
antiga ternura

e velhos carinhos
jamais transmitidos
ali acumulados.
E neles descubro
desvelo, talvez,
mas áspero o meio
capaz de expressá-lo.

Meus olhos fronteiros
aos olhos do pai
descobrem-se pobres
de língua comum,
e tristes prosseguem
apenas fronteiros.

Buscamos palavras
que possam contar
de nossos ofícios.
Mas todas, embora
do fundo nascidas,
resvalam, deslizam
por sobre a camada
de tempo e distância
que agora nos cobre
– e tombam sem fruto.

E sentindo que o elo
tão rijo do sangue
revela-se débil
para abrir as sílabas
secretas do amor,
então preferimos
manter um diálogo
em árdua linguagem
que atinge, em silêncio,
o sítio furtivo
que dela carece,
lá dentro do peito.

Enfim conseguida
a estranha conversa
que fere e conforta,
meus olhos retiro
do rosto do pai.
E sigo sozinho:
no pai a esperança
de um terno carinho.

Manaus, 1952.

O TRABALHO

O TEMPO lançou o dardo
que há séculos vem ferindo:
jamais nos entenderemos.

Mas ousados são os homens
(já vem de longe o querer
construir torres imensas):
com suas mãos trabalhando
descobrem sementes novas.

Em altas vozes proclamam
plantio maravilhoso,
e sofregamente esperam
pelo tempo da colheita
que, entretanto, nos revela
um florescer tresloucado
e pranteada primavera:
brotará de único tronco
rebento múltiplo e vário.

Os homens plantam em campo
de contraditório adubo.
Crepusculares nós somos:
desde a mais remota origem

em nossa terra se trava
um duelo entre luz e sombra.

Construiremos cidades
que jamais serão povoadas,
esplêndidas catedrais
de santuários desertos.
Não obstante, trabalho.
Nebuloso laborar
feito de dúvida e busca
do que talvez, na distância,
esteja à espera de um nome.

DA POESIA

Preciosa terra existe
rondada por altos muros
onde só penetraremos
por senda única, estreita,
de palavras construídas.

Explorar terra tão rica
– a tanto se propuseram
incautos aventureiros.
Sem embargo, inutilmente:
ante a porta de silêncio,
sem coração para abri-la,
quedaram-se entorpecidos.

Terra plena de tesouros
entretanto revestidos
por mistério tão espesso,
que somente parcos olhos
– em aparência vendados –
conseguirão depurá-los.

Enquanto não encontrarmos
o lugar onde a verdade
aguarda a mão que a labore,
debalde caminharemos.
(Já não bastasse o tão nosso
caminhar inesquivável
para um fim desconhecido.)

E de cerná-lo depende
deixar marcas indeléveis
no solo maciço, rude,
que palmilhamos a custo.

Das visíveis, muito poucas
permanentes ficarão.
Essas pegadas perpétuas
resistem à chuva e vento;
ganham o umbral do tempo –
e o verbo se faz poesia.

ÚLTIMO POEMA
DO MARINHEIRO

O marinheiro encontrou o seu caminho no mar.
Mas uma noite, de repente,
o mar foi vazando, vazando,
até que secou, completamente.

Seu barco, solitário
sobre o fundo do abismo,
torna-se uma coisa grotesca e sem sentido.

Estrangeiro entre os homens da terra,
caminha o marinheiro por estradas inúteis,
levando nos olhos um mistério verde
e na boca o amargor de tanto sal.

Contudo, nas noites de muito vento,
debruça-se na amurada do tempo
e, enquanto espera o retorno do mar,
inaugura caminhos de cinza e de nada.

ROMANCE DE SALATIEL*

I – O VELÓRIO

Se foi triste, se não foi,
se gostou de olhar o azul,
se sofreu por desamor,
se digeria a contento,
se procurou Deus (achou-o?)
não conta mais.
                    Salatiel
já é matéria sem ganga
que se oferta, horizontal,
aos olhares e aos pesares.

Chegam vizinhos, amigos
de longa data, parentes
trajando roupas de festa.
E ao penetrarem na sala,
onde Salatiel repousa
de todos os seus cansaços,
esquecem-se de si próprios
ou porventura se encontram
com total exatidão:

Da primeira e segunda partes deste poema, alguns versos, quem
sabe os mais felizes, são de nosso Tom Jobim, meu companheiro
das noites da rua Redentor, quando cantávamos e recitávamos
poemas de Drum-mond e de Bandeira, pela primavera dos anos
cinquenta.

o rosto bêbado é sóbrio,
o folgazão, compungido;
os sempre austeros ensaiam
gestos suaves e os tristes
disfarçam sua tristeza.

Mas Salatiel defunto
adorna o meio da sala
sombria, apesar das flores,
sem nem perceber, que pena,
que o gordo senhor de óculos
veio lhe pedir perdão
por malquerenças antigas;
do vulto esguio num canto,
a recordar o colóquio
que teve com o morto, um dia,
chuvoso, em praça antiga,
e desse encontro conserva
lembrança em forma de flor,
de sombra do que foi flor
que perdura, delicada,
entre as páginas de um livro
de poemas de amor eterno;
de seu barbeiro, contrito
que lhe contempla o bigode,
a barba espessa, azulada,
e lembra canção da infância
contando que o mato, a relva
são cabeleiras de mortos.

Pelas narinas do morto,
que já não sentem o aroma
do café que corre a sala,
penetra o velado som
dos faladores incautos:
cada qual lembra seus mortos,
em sua humana condição,
imperfeitos, porque humanos,
mas isentos da soberba.

Depois cambiam de tema:
falam de jogos, de guerras,
comentam velhas intrigas,
fazendo sempre um parêntesis
para louvar as virtudes
de que foi Salatiel.
Que já não é. Suas orelhas
são búzios côncavos, secos.

Ah, Salatiel, se visses
a ternura de teu filho,
de todos o mais rebelde,
que regozijo seria.
Com quanto zelo ele muda
as velas dos castiçais
e espanta – no gesto, afago –
a mosca da tua boca.
Mas Salatiel não vê.
Como também não percebe
as filhas arrematando

com seus soluços ritmados
o choro seco da mãe
que, em seu respeito ao defunto,
repele os erros furtivos,
o desamor não contado
e o desapreço profundo
de saber-se repartida,
que lhe voltam à memória,
já se dissolvem no pranto
    e o purificam.

II – O SEPULCRO

Na clareira de treva
em que o tempo não conta
e onde o brilho de luas
afoga-se em argila,
os vermes já circundam
a carne recém-vinda.
Abraçam-na com júbilo
dos entes separados
que afinal se reencontram
e este abraço revela
um sutil parentesco:
não aquele que implica
em um correr de hormônios,
certas cumplicidades
pobres conquanto físicas
e que o tempo desgasta
e em lembrança converte.

Outro, porém, mais fundo,
que elimina a distância
do que, por ser minguado,
alonga-se no sonho
ao exato minério
feliz em seu contorno:
e brandamente reúne
a besta que se entrega
a êxtases promíscuos
e o que de amor constrói
sandálias adequadas
para a longa excursão,
numa aventura só
de crescer e acabar
e aguardar, entre sombras,
que a mão cega do mundo,
vá recompondo as cinzas.

E com um linguajar
que só as coisas entendem
os vermes confabulam
acerca do destino
deste novo parente
que, aos poucos, se devolve
ao útero da terra.

III – EPÍLOGO

O dono de tal carne, todavia,
conhece a paz de canto que se evola

de garganta demasiado tensa.
Liberto dos enredos da memória,
isento de esperança, ele palmilha
os caminhos abstratos, modulados
em matéria de além, de sono puro.

Salatiel não-sendo, desconhece
a exata perfeição do que não é,
e integra-se à paisagem absoluta
onde nem sombras há das três colunas,
suportes do planalto que assegura
o repouso dos deuses fatigados:
constante prolongar do dia sétimo.

O outrora sonhador de galardões,
que passeou pelo bosque dos enigmas
e entregou-se a engenhos intrincados
como o de mergulhar na própria luz
e de lá regressar sujo de treva,
ou do chão mais rasteiro erguer montanhas,
exerce, então, mister dos mais humildes:
Salatiel não-sendo já faz parte
do azul na arquitetura do vazio.

NARCISO CEGO
(1952)

NARCISO CEGO

Tudo o que de mim se perde
acrescenta-se ao que sou.
Contudo, me desconheço.
Pelas minhas cercanias
passeio – não me frequento.

Por sobre fonte erma e esquiva
flutua-me, íntegra, a face.
Mas nunca me vejo: e sigo
com face mal disfarçada.
Oh que amargo é o não poder
rosto a rosto contemplar
aquilo que ignoto sou;
distinguir até que ponto
sou eu mesmo que me levo
ou se um nume irrevelável
que (para ser) vem morar
comigo, dentro de mim,
mas me abandona se rolo
pelos declives do mundo.

Desfaço-me do que sonho:
faço-me sonho de alguém
oculto. Talvez um Deus
sonhe comigo, cobice
o que eu guardo e nunca usei.

Cego assim, não me decifro.
E o imaginar-me sonhado
não me completa: a ganância
de ser-me inteiro prossegue.
E pairo – pânico mudo –
entre o sonho e o sonhador.

O CHÃO DO MUNDO

Rumo nenhum persigo. E quando sigo
as vias do mais trôpego sonhar
ou de fundos e rijos pensamentos,
chego sempre a mim mesmo; o clamor áspero
que me atraiçoa o límpido silêncio,
após ressoar em vão pelas paredes
da gasta e surda concha do infinito,
retorna, feito mágoa, à minha boca.
Não sei dar-me o que busco, se o não tenho.

A erva do tempo cresce, suavemente,
não tarda e o chão do mundo me devora.
Por isso quando em mim se faz mais noite,
minha face despida de seus medos
em sua própria treva se contempla,
onde lhe esplende a rude finitude.

Em meu ser, resignado, permaneço,
pois se tento fugir-me, eis que me vem
à boca o travo frio do negrume
que existe além de mim, e que me espera.

LEGIÃO

Desatam-se as amarras da memória
e afasto-me de mim: já não sou mais.
Todas as faces, múltiplas, ausentes
de meu ser quando lúcido, regressam
e graves se amontoam no meu rosto;
olhos vários florescem de meus olhos,
minha boca sucinta se enriquece:
converto-me, por fim, em legião.

Não me reparo: tenho o ar longínquo
dos amantes, dos loucos e dos mortos.
Contudo, nunca fui tão poderoso:
inauguro palavras que há milênios
meu coração procura, e redescubro
vocábulos sonâmbulos antigos
à espera de uma voz para acordá-los.

Passeio pelo tempo sem fronteiras
e me prolongo em longos corredores
sem que a sede do eterno me aniquile.
E meus rios, sem margens e sem ilhas,
onde – força é vagar – eu navegava,
já os percebo juncados de arquipélagos.

E já se dissipava esse amargor
de saber-me finito, senão quando
levantaram-se as âncoras do sonho:
e novamente vejo-me submerso
neste oceano exíguo que é meu ser.

O MORTO

Qual a verdade que o morto
conheceu, além dos muros,
e lhe fez cerrar os lábios
estrangulando a palavra
porventura essencial?
Enfim livre da cegueira,
que paisagem contemplou
para que o rosto lhe turve
tão rude ruga de mágoa?

Soube talvez que melhor
fora mostrar-se de todo:
desvelar inteira a face,
seus amores e seus ódios,
e não (de medo) exilar-se
no recôncavo do sonho,
onde fundava universos
em que só fulgisse a luz
de fabulárias auroras.

Certo lhe amarga saber
que inútil fora o tormento
de escolher entre dois rumos:
que o soberbo privilégio

sobre a pedra, sobre o pássaro,
de assombrar-se ante si mesmo,
está proscrito. Que agora
irmanados inexistem.

Dói-lhe esta mágoa profunda:
a de perceber-se enigma
e não se ter decifrado.
Talvez a mágoa do morto
seja mais funda: saber
ter sido apenas um erro
no pensamento de Deus.

O SABER ESCASSO

Pouco sabem as flores que de novo
ressurgem neste campo: não percebem
que alguém de longa e loura cabeleira
já não passeia pela verde alfombra,
e que entre as mãos que agora vão colhê-las
estão ausentes duas muito pálidas.

Ignorantes, porém, mais do que as flores,
nós o somos: jamais compreenderemos
porque esse deus eternamente oculto
ressuscita defuntas primaveras
mas não desperta a moça que hoje dorme
na planície sem cor da deslembrança.

ARABESCO

Já próximo escutamos o rumor
dos cavalos que correm pela treva.
Até agora, porém, nada aprendemos:
não conquistamos nem a paz dos loucos
nem a mudez das fragas solitárias.
E enquanto a noite enorme, que nos ronda,
estende as suas mãos para afagar-nos,
na areia das palavras desenhamos
o arabesco invisível desta mágoa:
– somos frágeis demais e não sabemos
sequer o que nos falta para sermos
completos como um deus – ou como um pássaro.

A ROSA BRANCA

Não me inquieta se o caminho
que me coube – por secreto
desígnio – jamais floresce.
Dentro de mim, sei que existe,
oculta, uma rosa branca.
Incólume rosa. E branca.

Não pude colhê-la: mal
nascera e logo perdi-me
nos labirintos do tempo,
onde desde então pervago
apenas entressonhando
aquilo que sou – e vive
no recôncavo da rosa.

Sem conhecer-me, padeço
o mistério de existir
em amargo desencontro
comigo mesmo. No entanto,
pesar tão largo se apaga
quando pressinto: na rosa,
mistério não há. Nenhum.
Sem medo a trair-me a face,
posso morrer amanhã.
Extinto o jugo do tempo,

olhos nem boca haverá
– para a queixa e para a lágrima –
se em vez de rosa, de pétala,
cinza de pétala, apenas
existir a escuridão.
O vazio. Nada mais.

ROMANCE DO PRIMOGÊNITO
(1952)

A meu filho Manuel

PALAVRAS AO NASCITURO

Falso é dizer, nascituro,
que somente agora chegas.
Sempre estiveste incrustado
na enorme concha do nada.
Nunca exististe, contudo,
és mais antigo que Deus.

Mas agora é que perdeste
o domínio, a segurança
e a perfeita solidão
de quando eras sombra (embora
tua face refulgisse
num fulgor de muitos sóis)
e em tua mão ainda ausente
cabia todo o universo,
e desenvolto, tranquilo,
passeavas como tranquilos
passeiam os peixes cegos
pelos ermos oceânicos.

Sem ser ninguém, tinhas tudo.
Agora existes (perdoa!),
nada mais tens. Só te restam,
como relíquia de outrora,
poucos fragmentos de sombra
espalhados por teu corpo

sujeito ao musgo do tempo.
Certo esqueceste (perdoa!)
teu lar antigo, as paredes,
teu chão sem pedras, eterno;
como também já não sorves
de ti mesmo essa quietude,
essa paz límpida e pura
quebrada agora por nós.

É que o amar nos empresta
o sangue dos demônios
e a roupagem dos anjos.
Disfarçados assim.
furtivos penetramos
em teu reino de sombras.
Ali estavas: intacto,
tão rígido e abundante
de puro inexistir
que sequer pressentiste
nossa tonta invasão
e o nosso olhar oblíquo
pesquisando, no escuro.
A mando, obedecíamos
de senhores ignotos?
Algum elo secreto
a ti nos vinculava,
como os estranhos vínculos
que permitem aos pássaros
distinguir os caminhos
esculpidos no azul?

Todavia, te achamos
– ébrio de eternidade –
na planície do sono
(onde estava o guardião
que não te protegeu?).
Acordaste: jazias
no lajedo finito
onde já te aguardavam
os cânones severos:
fizeram-te esquecer
o silêncio de outrora
e ensinaram-te a língua
da esperança e do medo:
abriram tua boca
e deram-te a comer
um rolo de mistérios.

Áspero mundo é esse
sobre o qual rolarás,
rolarás, nascituro.
Como cresce uma flor,
em teu âmago cresce
a pergunta: "A que vim?"
Saberás, porventura?
Quiséramos dizer-te:
eis ali fica o pântano
das palavras, e além
o atalho que conduz
ao provisório eterno.
Não ousamos, porém.

(Como saber que caminhos
teus passos vão inventar?)

Só nos resta, afinal,
confessar que te amamos
e te amaremos sempre
com o insensato amor
que suscita a esperança
de que surja em teu céu
a estrela que não vimos.

O CRESCIMENTO

Mal te instalaste no mundo
e já obedeces, submisso,
à lei severa do tempo:
vagarosamente cresces.
Como um bico cauteloso
avultas, lerdo, na treva.

De manso, vais te esquivando
à paisagem do não-ser.
Já se cruzam no bojo
turvos canais de memória
por onde, suave, passeia
uma vaga nostalgia.
(Que mais tarde crescerá
acordando em ti saudades
de um lugar inexistente,
de um sonho nunca sonhado.)
Sobre mar de amor e cinza,
avanças para ser homem:
– cumprir austeros desígnios
entre o assombro e o desamparo,
e, sobretudo, cumprir-se
consumindo a vida inteira
na esperançosa demanda
de um graal que nunca existiu.

Nenhum fulgor te devassa
o reino tenso de sombras.
E todavia derramas
sobre a minha face obscura
límpida luz de manhã.
Não tens olhar, e, contudo,
já me espreitas, me pressentes.
E arrancas, sem nenhum gesto,
de minha palavra enxuta
a mais profunda ternura.

SOLILÓQUIO AO PÉ DO BERÇO

Cruzaste
    a porta do tempo.
Sem resplendores (chegaste)
de sol ferindo o levante,
fulges-me aos olhos – cristal
entre sonho e a relembrança
do que não sou, do que fui.

Confundidas em teu sangue,
navegam cinzas tapuias
e poeira de mitos gregos.
Surges agora, e no entanto,
desde muito te conheço:
já convivemos, algures.

Perante a paz de teu sono,
dentro de mim se desfralda
um jeito novo de amar.
Meus vícios e desvirtudes
cabisbaixos se recolhem
ao mais secreto de mim,
para depois regressarem
humildemente velados
sob as roupagens do amor,
como flores falecidas

que por milagre recobram
suas pétalas mais brancas.

Meus adultos olhos secos,
já quase afeitos à treva,
de repente se iluminam
ante a luz das alvoradas
que te despontam das mãos.

Teu pranto, de claro timbre,
com suavidades de canto,
leva-me à lágrima, arranca
de céu estéril, orvalho
que, de tão puro, dissolve
os seixos de antigas penas;
de sobre a magoada areia
que entre pesares palmilho,
teu suave pranto me leva
a ignotos ermos caminhos
onde, foscos, se derramam
palores de nove luas.

Em troca, nada te dou.
Meu filho, és retardatário:
o que talvez fora puro
– límpida pérola intacta
no coração escondida –
era frágil, se quebrou.
A porção a mim legada
de substância que permite

mudar de pouso as montanhas,
ouvir o canto das pedras
e caminhar sobre as águas,
era pouca, se acabou.

Pelas esquinas do mundo,
os mistérios já te espreitam
com suas múltiplas faces;
as sombras da solidão
já se insinuam, de manso,
rumo aos campos de teu ser.
Ah que pobre amor paterno!
Pobre de mim, andarilho
cego e sujo, desprovido
dos mais frágeis artifícios
que te afastem dos tormentos
a que nasce condenado
um homem – ser cuja glória
se resume nos covardes
passeios pela floresta
enquanto o Lobo não vem.

Sem mão que possa guiar-te
(mal-aventurada mão!)
em futuros desamparos,
sem boca que te anuncie
o tempo dos malefícios,
uma ventura me resta:
és meu filho – dou-te a bênção.

Mas se a bênção for inútil,
e de nada te valer
este amor que inauguraste,
cabe somente esperar
– de olhar aceso, expectante –
surgir o rumo que os deuses
a teus passos reservaram.

E porque nada possuo
digno de oferta a quem chega
de mãos vazias ao mundo,
é que te fiz, sob disfarce
de conversa, este inaudível
solilóquio ao pé do berço.

O ANDARILHO
E A MANHÃ

(1953-1955)

> – Para onde vais, Andarilho,
> nesse andar assim cambaio?
> – Vou ao encontro da Manhã.

SUGESTÃO

Antes que venham ventos e te levem
do peito o amor – este tão belo amor,
que deu grandeza e graça à tua vida –,
faze dele, agora, enquanto é tempo,
uma cidade eterna – e nela habita.

Uma cidade, sim. Edificada
nas nuvens, não – no chão por onde vais,
e alicerçada, fundo, nos teus dias,
de jeito assim que dentro dela caiba
o mundo inteiro: as árvores, as crianças,
o mar e o sol, a noite e os passarinhos,
e sobretudo caibas tu, inteiro:
o que te suja, o que te transfigura,
teus pecados mortais, tuas bravuras,
tudo afinal o que te faz viver
e mais o tudo que, vivendo, fazes.

Ventos do mundo sopram; quando sopram,
ai, vão varrendo, vão, vão carregando
e desfazendo tudo o que de humano
existe erguido e porventura grande,
mas frágil, mas finito como as dores,
porque ainda não fincado – qual bandeira
feita de sangue, sonho, barro e cântico –
no próprio coração da eternidade.

Pois de cântico e barro, sonho e sangue,
faze de teu amor uma cidade,
agora, enquanto é tempo.

Uma cidade
onde possas cantar quando o teu peito
parecer, a ti mesmo, ermo de cânticos;
onde possas brincar sempre que as praças
que percorrias, dono de inocências,
já se mostrarem murchas, de gangorras
recobertas de musgo, ou quando as relvas
da vida, outrora suaves a teus pés,
brandas e verdes já não se vergarem
à brisa das manhãs.

Uma cidade
onde possas achar, rútila e doce,
a aurora que na treva dissipaste,
onde possas andar como uma criança
indiferente a rumos: os caminhos,
gêmeos todos ali, te levarão
a uma ventura só – macia, mansa –
e hás de ser sempre um homem caminhando
ao encontro da amada, a já bem-vinda
mas, porque amada, segue a cada instante
chegando – como noiva para as bodas.

Dono do amor, és servo. Pois é dele
que o teu destino flui, doce de mando:
A menos que este amor, conquanto grande,

seja incompleto. Falte-lhe talvez
um espaço, em teu chão, para cravar
os fundos alicerces da cidade.

Ai de um amor assim, vergado ao vínculo
de tão amargo fado: o de albatroz
nascido para inaugurar caminhos
no campo azul do céu e que, entretanto,
no momento de alçar-se para a viagem,
descobre, com terror, que não tem asas.

Ai de um pássaro assim, tão malfadado
a dissipar no campo exíguo e escuro
onde residem répteis: o que trouxe
no bico e na alma – para dar ao céu.

      É tempo. Faze
tua cidade eterna, e nela habita:
antes que venham ventos, e te levem
do peito o amor – este tão belo amor
que dá grandeza e graça à tua vida.

POEMA DO TRANSVIADO

Estende a tua mão: deixa que eu morra
senhor de minha morte, e redescubra
o rosto que eu perdi, quando transviado
das lajes do não ser. Deixa que eu morra
aquém e ressuscite além, isento
de meu espanto e, sobretudo, alheio
ao fascínio do enigma, pavor suave
cujo rastro perdido sobre o mundo
minha palavra apenas farejou.
Estende a tua mão, sombra do céu,
e o que em nós arde (brilho de cristal
em campo solitário, ermo de lua)
e é fome de aventura além da terra
e vontade de fuga deste exílio,
enfim se extinguirá perante a paz
de tanto azul cravado em nossos olhos.
Estende a tua mão, dá-me o deslumbre
de contemplar-me a antiga face em cântico,
refletida na lama do que fui,
vazia do tormento de trair-se.
Estende a tua mão, morre comigo:
as paredes do mundo já estremecem
e a carne apodrecida já se exalta
em súbitos clarões de eternidade.

O DEFUNTO

A Lourdes e Alberto Faria

A noite mal começava
a pousar sobre a cidade,
quando os homens descobriram
o defunto, em plena rua.
Uns disseram: "Olha um defunto!"
Outros disseram: "Coitado,
parece que morreu ontem".
Alguém respondeu que não,
que o defunto era antiquíssimo:
bastava olhar para ver.
Mas como a vida os chamava,
os homens logo se foram,
deixando, na noite, o morto,
que, por morto, nem ligara
àquelas falas vazias.

Passaram três velhas magras,
choraram sobre o defunto
(choraram choro sem lágrima).
Depois passou um cachorro
e parou, ficou ali,
velando aquele que outrora
foi seu melhor companheiro.

Passou depois uma jovem
toda vestida de branco.
Quem sabe era um amor antigo
que o morto nem conheceu,
pois além do trazer flores,
chorou – e além de chorar,
passou a mão muito de suave
por sobre a lívida testa.
Mas acabou-se indo embora
e o defunto ficou só.

Até que veio uma criança
(de onde viria?), olhou,
não se espantou nem de leve,
segurou a mão do morto
e disse: "Vamos embora,
que este chão deve estar frio".
Ah, coitado do defunto,
que ouvidos já não mais tinha
para palavras tão doces.
Saiu a criança correndo
mas cantando, na carreira,
que devia ser aquela
a rua onde morava o anjo
que se chama solidão.

Foi quando veio um senhor
de fraque e cabelos brancos.
Olhou no rosto do morto,
disse bem alto: – "É meu neto.

Meu neto às vezes queria
tão simplesmente uma rosa,
de repente se assombrava
consigo mesmo e pedia
que Deus se mostrasse inteiro,
que Deus fizesse o favor
de desfazer esse mundo
que ele criara sem querer.
Meu neto foi sempre um louco".
Isso disse, e foi-se embora,
mas antes pediu aos bêbados
que rodeavam o defunto,
que o enterrassem num campo
(ou talvez numa colina)
muito longe e muito verde.

Mas os bêbados, tão bêbados
e tão amigos do morto,
ali mesmo adormeceram
(anjos bêbados dormindo)
e enquanto todos dormiam
a aurora veio chegando,
a aurora veio chegando.

Na luz clara da manhã
subitamente percebo
que este defunto sou eu.
Na longa rua deserta,
cauteloso e entristecido,
abro os olhos do defunto,

entro nele, saio andando
e continuo a viver.
Regressam, então, os homens,
o cachorro, as velhas magras,
retorna a jovem de branco
(vem sem flores e sem pranto),
passa o menino cantando,
acordam os amigos bêbados.

Todos conversam comigo,
todos riem, e me abraçam,
telefonam, dizem coisas.
Mas como são muito lúcidos
não sabem que eu já morri
e nem de longe suspeitam
que aquele defunto era eu.

CONFIDÊNCIA A MANUEL NA MANHÃ DO SEU DIA

Hoje, meu filho, eu queria
fazer um poema que fosse
límpido e bom companheiro.
Queria fazer um poema
que fosse como um perdão,
que fosse como uma espada,
uma palma e uma esperança.

Um poema que te seguisse
como o pássaro ao veleiro,
e como o servo a seu amo.
Que te valesse na mágoa
docemente, como o amigo
que diz ao outro uma frase
bem simples, cujo sentido
nem importa: pois importa
é que as palavras depressa
se arrumem todas em ponte,
dando caminho à ternura
e à confiança.
                    Amigo desses
que um dia bem te valesse.
assim o poema eu faria
se soubesse. Mas não sei.

De lembrança, pois, te deixo
em vez do poema sonhado
– uma quase confidência.

Um dia, no teu bornal
de viagem, hás de encontrar
coisas que nele arrumei
à maneira de farnel.

Hás de encontrar tão somente
uns brinquedos, umas nuvens
e umas palavras. No entanto
o mundo eu só não te dei
porque descobri que o mundo
com todas as suas torres
e todas as suas glórias
– o mundo cabe, meu filho,
 o mundo cabe inteirinho
 na palma da tua mão.

AS DÁDIVAS GUARDADAS

De tudo quanto me trouxeste à vida
– aonde chegaste como chega um pássaro
grande e cantando a um campo triste
                            – eu guardo
o teu riso chegando e me esgarçando
a tristeza e esgarçando, de tão doce,
as brisas que passeavam pela noite
subitamente transformada em dia.

Guardo portanto a aurora. Guardo a infância
redescoberta em mim por tuas mãos,
sepulta que ela estava sob sombras.
Guardo o primeiro cântico de amor
que me fizeste florescer ao peito;
a dança do carinho que pousaste
pela primeira vez nas águas ermas
do açude fundo e velho dos meus olhos.

Guardo o meu nome escrito na ternura
de tua voz e guardo a tua voz
no recado do eterno que me deste.
Guardo a poesia de passear contigo,
o teu braço no meu, pelas manhãs,
e guardo o roçagar das tuas roupas,
desfraldadas aos ventos que inventei.

De tudo o que me deste, guardo – e guardo
como quem guarda o sangue com que nasce –
a alegria a bailar nas madrugadas
cheias de um sol que esplende em tua boca;
o silêncio ofegante da entressombra
envolvendo, amorosa, os nossos corpos
tão companheiros em perene abraço,
como outrora jamais eu pressentira,
feito de corpo e coração.

Eu guardo
as bandeiras que ergueste, balizando
o meu caminho torto, e as esperanças
– as esperanças todas: a da casa
simples e grande e cheia de crianças,
guardada e resguardada pelo amor.

De tudo quanto me trouxeste à vida,
guardo-te o amor: como quem guarda o mar,
um mar alado, um mar feito de pássaros
voando, voando. Assim te guardo o amor:
como quem guarda o mar dentro do peito.

CANTIGA QUASE DE RODA

Na roda do mundo
lá vai o menino.
O mundo é tão grande
e os homens tão sós.
De pena, o menino
começa a cantar.
(Cantigas afastam
as coisas escuras.)
Mãos dadas aos homens,
lá vai o menino,
na roda da vida
rodando e cantando.
A seu lado, há muitos
que cantam também:
cantigas de escárnio
e de maldizer.
Mas como ele sabe
que os homens, embora
se façam de fortes,
se façam de grandes,
no fundo carecem
de aurora e de infância
– então ele canta
cantigas de roda
e às vezes inventa

algumas – mas sempre
de amor ou
de amigo.

Cantigas que tornem
a vida mais doce
e mais brando o peso
das sombras que o tempo
derrama, derrama
na fronte dos homens.
Na roda do mundo
lá vai o menino,
rodando e cantando
seu canto de infância.
Pois sabe que os homens
embora se façam
de graves, de fortes,
no fundo carecem
de claras cantigas
– senão ficam ocos,
senão endoidecem.

E então ele segue
cantando de bosques,
de rosas e de anjos,
de anéis e cirandas,
de nuvens e pássaros,
de sanchas senhoras
cobertas de prata,
de barcas celestes

caídas no mar.
Na roda do mundo,
mãos dadas aos homens,
lá vai o menino
rodando e cantando
cantigas que façam
o mundo mais manso
cantigas que façam
a vida mais justa,
cantigas que façam
os homens mais crianças.

EPITÁFIO

O canto desse menino
talvez tenha sido em vão.
Mas ele fez o que pôde.
Fez sobretudo o que sempre
lhe mandava o coração.

TERCETO DE AMOR

Sirva o meu amor de voo.
Sirva a tua vida inteira
de azul.

Eu sirvo de pássaro.

POEMA DE NATAL, QUASE DE AMOR

A Augusto Frederico Schmidt

CRISTO nasceu. Nascido permanece.
Contudo não lhe fui à manjedoura:
à medida que morro desaprendo
o caminho sonhado por meus pés.
Ervas recobrem sendas de Judá
que outrora palmilharam magos, bois.
(Já à beira do Sinai, nascem fragores,
não das sarças ardendo, mas dos ódios.)

Aos olhos de quem soube do menino
e se aventura a achá-lo, entre destroços
de uma Jerusalém abandonada,
não brilha mais a estrela solitária.
Hoje são muitas, todas nos confundem
e indicam mil caminhos: nenhum leva
ao Cristo adormecido entre capim.

O cristal do seu pranto está perfeito.
Os mugidos perduram, sempre humildes.
A mensagem de amor, o incenso, a mirra.

A palavra dos anjos ainda soa,
mas já não racha o muro dos ouvidos
que, por nada escutar, ficaram moucos.

Por isso nosso amor é diferente:
imperfeito e aleijado – um fogo surdo
que apenas arde, queima, e não aclara
o nosso obscuro e inútil coração.

No pecado, que é nosso abismo e amparo,
está no entanto a chave, humana e esquiva,
do mundo que nos coube e o seu mistério,
– se aprendermos a amar. Aquém de amar
o pássaro no azul, importa amar
tão simplesmente o pássaro, sem céu.

Amar (sem recompensa), por exemplo,
a carne repelida porque enorme
e inerme, e azeda, e amarga, após o abraço.
E amar, sem tornar vil, nossa alma de homem
– ai, frágil, desvairada alma, tão grande
para abrigar tão mínima aventura,
com sua podridão angustiada,
que nos consome porque não sabemos
o caminho que leva à manjedoura.

TENEBROSA ACQUA
(1954)

Tenebrosa acqua in nubibus aeris.
Salmos, 17. 12.

Spiritus Domini faecundabat aquas.
Gênesis, 1. 3.

EPISÓDIO PRIMEIRO

OS BARCOS

Os barcos nascem como nascem dores.
E chegam como pássaros ao céu,
como flores do chão. São mensageiros.
Vêm na crista dos astros, vêm de ventres
por onde rolam rastros de cantigas
de antigas barcarolas estaleiras.
Trazem na proa audácias e esperanças,
as cismas e os assombros nos porões.

A mão que os faz, humana, os não perfaz,
apenas segue, tímida, ao comando
de vozes nascituras que lhe chegam
da boca dos martelos e das ripas.
A si mesmos se fazem, pelo mando
de voz sem boca: os barcos são auroras.
Despejam-se na foz de águas escuras.
Contudo, chegam sempre de manhã.

Chegam antes, alguns. Outros são póstumos.
Há os que não chegam nunca: naufragaram
nas primícias do rio. Tantos mastros
se vergam na chegada, outros se racham.

Partem-se popas, lemes, em pelejas
imaginárias contra calmarias.
Uns são velozes, zarpam mal-chegados,
outros são lerdos, de hélices sem sonhos.

Há barcaças nascidas para as idas
ao oco dos mistérios, há as que trazem
lendas futuras presas ao convés,
as que guardam nos remos os roteiros
de grandes descobertas, e as que vêm
para vingar galeras soçobradas.
Há as que já chegam velhas, sem navego.

O mar, sempre desperto, espreita e espera
a todos, e de todos se acrescenta.
Para barcos se fez o mar amargo
e fundo, sobretudo se fez verde.
O mar nem sempre os quer. O mar se tranca
frequentemente a barcos; e os roteiros
marítimos se encantam em lajedos,
estraçalhando quilhas e calados.

O coração das caravelas viaja
desfraldado nos mastros, invisível
bandeira também bússola. Altaneiro,
ele surpreende, quando manso, as rotas
que se desenham longes sobre o mar.
Sextante é o coração, que escuta estrelas,
que antes de erguer as âncoras, demora-se
em concílio amoroso com os ventos.

O coração comanda. Manda e segue.
E, à sua voz, os barcos obedecem
e avançam, confiantes, pois dos mastros
as velas vão surgindo, vão crescendo
como cresce uma folha de palmeira,
às manobras da brisa sempre dóceis.
De caminhos de barcos sabe o mar.
Os ventos é que sabem dos destinos.

EPISÓDIO SEGUNDO

AS ÁGUAS

As águas já nasceram navegadas.
Imóveis foram, antes. Como estátuas.
Todas eram vazias de mistérios,
todas ermas de rumos, de rumores.
Massa de mar, líquida laje côncava,
úmido espelho, pele de silêncios;
assim eram as águas: infinitas,
mas desde outrora e sempre navegadas.

Foi no começo. O espírito vogava
por sobre o rosto tímido das águas,
que estremeciam só de eternidades
a eternidade, quando a grande quilha
movia-se, infinitamente grave,
sobre si mesma e em torno de seu fulcro.
As águas já nasceram navegadas
pela cara de Deus, barco primeiro.

O espírito se ergueu: rumos se abriram
no corpo dos oceanos, fendas fundas
racharam-se na fronte dos estuários;
combates se acenderam, submarinos,

pela conquista escura dos abismos;
águas endoideceram, esfomeadas
de terras, e das terras receberam
o pranto morto e amargo que as salgou.

Todas partiram, repartindo o mundo,
e entre si repartindo a antiga pele
que as defendia: algumas não ganharam.
Sonharam devorar-se entre pelejas,
inutilmente: as águas são irmãs.
Irmãs despedaçadas pelo sal.
Todas correram – correm – farejando
rumos em vão: as águas nunca chegam.

Somente levam. As astutas fingem
que trazem, mas não trazem: só devolvem.
Do espírito saudosas foram poucas
as que ficaram – flores entreabertas
às dádivas do céu – líquidos olhos,
sentinelas do chão que os resguardou.
Arrependidas águas ainda choram
um pranto que se eleva à mão da lua.

Os motivos do mar não são do mar:
as águas andam cegas. Correntezas
levam recados surdos, portulanos
são pontes sobre covas, águas dóceis
escondem cemitérios submersos,
são vias palmilhadas por avisos
que a boca de além-mar envia aos rios.
em cujos antros sonhos se fabricam.

O espírito se ergueu: rumos se abriram,
confundiram-se rotas e roteiros.
As águas, castigadas, chamam barcos,
tentando-os, por vingança, a viagens vãs,
que a porto nenhum levam. Barcos tantos
iludidos avançam, tarde sabem
que é sempre falsa a face dos oceanos,
que as águas se alimentam dos enganos.

Confusas sempre, as águas, todavia,
jamais desgastarão, com suas fauces,
os elos das correntes invisíveis
que descem, como chuvas, lá dos céus,
ofertando-se a barcos. São correntes
– também caminhos – que vão dar às âncoras,
invioláveis âncoras sagradas,
que o espírito deixou fincadas, firmes,
nas profundezas últimas das águas.

EPISÓDIO TERCEIRO

OS VENTOS

Os ventos não nasceram. Já sopravam
respiros em repouso, no recôncavo
do espírito pairante. Desde sempre.
Chegaram concedidos, em derrame
das narinas de Deus recém-movido,
inaugurando as calmas e as refregas,
semeando o medo à fome das coragens.

Ergueram-se as narinas. Tripartiram-se.
Sopram, ternas e eternas, ventanias
em círculos irmãos, perante pânicos.
Os ventos são gerais. De amor se fazem:
embora tragam iras e navalhas,
malgrado desçam dores – são amor.
Por isso tripartidas, são narinas
de uma só cara – a Cara: espada e paz.

Os ventos sempre vêm, porquanto vêm.
Os ventos sempre vêm, ai, ninguém sabe
de onde é que os ventos vêm, porquanto vêm
das testas das esquinas; ninguém vê
quando é que os ventos chegam, ai, pois chegam

pelas frestas do tempo; ninguém sabe
para onde os ventos vão, porquanto vão
no rumo do seu centro, que é o das almas:
no bojo dos tufões palpita a paz.

Os ventos trazem choros e esperanças.
Trazem recados; não, pecados não,
os ventos nunca os trazem, mas os levam:
parecem prantos, puros, quando os levam.
Os ventos sempre trazem, e trarão.
Trarão trombetas, uivos e sentenças.
Sobretudo trarão as grandes coisas,
as grandes coisas que todos verão.

Não tarda muito o estremecer das pétalas
da rosa – a rosa que comanda o mundo,
rosa de vento, rosa mãe das águas.
Ai das barcaças caiadas de branco,
das velas quebrantadas que se enganam
buscando paz nas podres calmarias.
(No fim – escrito jaz – quatro serão
os ventos varredores de desgraças.)

Barco das nuvens, pasto das bandeiras,
relva dos sinos, asas das palavras
– os ventos sempre sempre soprarão.
Nosso começo funda-se no sopro
edificado em barro, e – findo o fim –
ficarão os narizes respirando
eternidade (o fim dura mil anos),
e os ventos nunca nunca cessarão.

EPISÓDIO QUARTO

O BARQUEIRO

Nasce o barqueiro quando o barco afunda.
Nasce e não morre nunca mais. A viagem,
quem a faz é o barqueiro, a vera viagem,
cumprida por si mesmo, e tão comprida
que o tempo se dissolve, deslembrado.

O barqueiro é quem vai: livre das águas,
a salvo dos encalhes, das vigílias,
isento de bombordos. É quem vai
lá para além dos mares, onde um rio,
perenemente flui, feito de estrelas.

Barqueiros há, porém, que ficarão
retidos nos porões, no antro das torres,
e as torres e os porões se gastarão,
e os barqueiros sozinhos ficarão,
eternos desnascidos ficarão,
mascando medos, gulas e tremores
até que um dia as águas arderão.

O barqueiro é o que nasce. Que nascer
jamais será chegar, pois todos chegam,
barqueiros como barcos: simultâneos.
Nascer é desvelar-se. É ter-se e dar-se.
É ser-se dono e servo, inteiramente.
Nascer é renascer, por vias úmidas.

EPISÓDIO QUINTO

A CARAVELA

Caravela cheguei, de mastros nus.
Já me esperavam águas, e as singrei.
Contudo, as não sagrei, nem me sagraram
os verdes que inventei. Era preciso

primeiramente padecer o mar,
ter os remos e os rumos destroçados,
para afinal sentir-lhe o sortilégio:
vogar é revogar: ter é reter.

E fui. Era preciso, e fui. Sem velas.
voguei: trôpegas faias transportaram
orgulhos e arrogâncias marinheiras
a portos sem portões; remos caducos

a longes me levaram, todos próximos
demais, porém, de mim, de minha dor.
As trevas aprenderam o meu nome
e todas me chamavam. Tantas vezes

palavra fui na boca dos abismos.
Voguei perdido e cego. Monstros mansos
ruminaram-me os restos de esperança
que me pousava, tão fugaz, nos mastros.

Cumpriu-se a precisão. (Foi de repente.)
Desceram resplendores, tempestades,
os ventos vergastaram-me e então vi
a grande luz da aurora derramada

pela amorosa mão. Subitamente,
alvíssimas as velas floresceram,
retive o rumo, os remos revoguei,
e as águas, tenebrosas, se rasgaram.

E vou. Firme do porto, vou. Na rota
rugem rebojos, rudes ondas rondam
meu navegar. Às vezes vergo: dói-me
o coração, e temo, mas não tremo.

A LENDA DA ROSA
(1956)

OS FUNDAMENTOS

A lenda, porque lenda, é verdadeira.

Assim direi que, mesmo transmitida
por boca humana – pântano de enganos –
é de verdade a herança que te deixo.
Por verdadeira cala sobre o tempo
das coisas que ela conta acontecidas,
das quais nenhum sinal há sobre o mundo.

Só declaram seu tempo as coisas findas,
as que perderam fala, mas gaguejam
quando, por loucos, vamos despertá-las
tão tristes em seus túmulos abertos.
Os olhos imutáveis da verdade.
Pairando sobre o tempo nos espiam.

Pena, porém, não reste sombra ao rastro
do que, em campo de lenda floresceu.
Por mais que se andem léguas e se escavem
planícies e penhascos se derrubem,
não se encontra vestígio, além dos dois
que, flores da lenda, intactos perduram:
O homem e o mundo – sempre recusados
porque são manifestos, são os únicos
sinais que provam todas as verdades.

A lenda, porque lenda, é verdadeira.
Pois o próprio das lendas é a verdade,
como próprio do amor que não se acabe,
que seja fundamento de si mesmo
e fundamento seja de quem ama.

A MULTIDÃO DESABRAÇADA

Não de derredor e do bosque
mas na memória do Anjo,
chegam as vozes de crianças
cantando de solidão.
E quando um vinco amargoso
lhe fere a fronte, num salto
ele se ergue e avança inteiro
rumo às fronteiras da rosa.
Chega e descobre o que existe
próximo e além de seus muros.

    Em torno do bosque
    vive a multidão
    dos desabraçados.
    São homens, mulheres,
    de angústia nos olhos
    desvairo nas frontes,
    da carne a loucura,
    nos corpos o fogo
    que os une e desune
    e logo os abraça,
    depois os divide,
    de novo os reúne,
    até que se afoguem
    em lagos de cinza.

E após cada abraço
se encontram mais sós,
se sentem mais poeira,
até que se vergam
e caem, prostrados
ao peso da enorme,
feroz solidão
que morde, mastiga
e vai devorando
os restos de paz
ocultos na sombra
da carne saciada.

São machos e fêmeas,
são pertos do bosque,
contudo tão longe.

São feras em pânico
no fulcro de incêndios.
Nenhum se pertence
a si nem a outrem,
são todos de todos,
ninguém de ninguém.

As bocas se abraçam,
mas sempre sem beijo,
as mãos se entrelaçam,
mas não se conhecem.

À carne o que conta
é ter-se em abraço
de carne qualquer.

Os dois só se valem
enquanto abraçados,
efêmero abraço
de corpos sem corpo.

A pele não conta
segredo à outra pele,
os olhos se cruzam
e logo se afastam,
de brilhos transversos.

São corpos radiosos,
mas fazem da carne
abismo profundo
entre homem e rosa.

São desabraçados,
e jamais pressentem
que o corpo é caminho.

TOADAS DE CAMBAIO
(até 1959)

FACHO DE CINZAS

Como quem vai levando, na alma erguido,
um facho que lhe invente claridão
para queimar a treva dos caminhos,
assim me vou neste meu pervagar.
Como quem leva um facho. Mas um facho
que, de gasto, não se ergue companheiro
e límpido de luz, em turvo campo:
é um facho feito de clarões já velhos,
de restos de clarões que se extinguiram,
e acaso inútil já: vai, todavia
(que outro não há, já a cinza dorme em todos),
levado, erguido e derradeiro. Ai, nunca
a alma pode erma andar: há muitas vias
que varar não se deixam por quem vai
vazio de um incêndio que lhe sulque
com língua luminosa o espesso chão.
Como quem vai levando, grande na alma
(conquanto murcho e triste), um facho: assim
me vou, varando a escura solidão
(mais fria agora, antes do amanhecer!)
que me coube e me abraça. Mas no peito
levando vou (como quem leva um facho)
o coração cansado, grande e doído,
sobre o qual desce, de repente, doce,
uma primícia de manhã, que, mansa,
o vai lavando ao jeito de quem faz
uma carícia, de quem dá perdão.

TOADA DE CAMBAIO

A Rubem Braga

As coisas que me fizeram
ficar assim tão diverso
do que outrora fui, não foram
as rudes nem as amargas.
Mas aquelas que sonhei
que esperei tanto e no entanto
por nunca me aconteceram.

Ah!, não me foi a tão áspera
e vária vida, varada
de solidões e de brasas,
que mudou fundo o meu jeito
de ser (agora cambaio,
e antes tão leve, levando
sempre um cântico na fronte).
Quem me transfez foi a vida,
a vida que eu não vivi.
Mas sei que, sem ser em mim,
com sua boca de nada,
engoliu-me a cantoria
a esperança, a ligeireza
e me levou quase toda

aquela sobra de infância
que meu coração guardava.
Ai vida tão dolorida
a vida que eu não vivi!

Nem foram tantos os tempos
que se passaram, no entanto
como estou longe de mim.

Tão longe que o relembrar-me,
de tão custoso e sofrido,
mais que lembrar já é sonhar.

Para me rever nos verdes
do antigamente, guardados
por penhas altas de mágoa,
não regresso na memória
(que a memória já me perde),
mas no sonho: – como dói
a vida que vira sonho!

Mesmo sem ter, todavia,
o que me houvera de ser,
nem por isso me recuso
à vida que há por viver,
nem despeço do meu peito
o amor que nele perdura:
– este amor, mesmo se pouco,
é a laje e o céu do que sou.

Mesmo sem ter, me entretenho
– como quem canta uma história
para uma criança dormir.

E sigo, fiel a mim mesmo.
Vou firme no meu ofício:
amar –
      e amando, entreter
o que tenho mais de meu
e mais de amargo: esse jeito
cambaio e triste de ser.

O AÇUDE

Não sei nem jamais
saberei o nome
(se acaso tem nome)
do bicho que dorme
no escuro do açude
sem fundo que sou.
Nascido, senão
comigo, de mim,
é um bicho, ou como
se fosse; e que dorme.
Nem sempre ele dorme.
Talvez o agasalhem,
de sono enrolado,
as mais fundas águas
que em minha alma dormem:
– as águas e o bicho,
num sono só, feito
de grávidos nadas
espessos e imóveis.
Mas nem sempre imóveis.
Um dia estremecem:
sem causa, e de súbito,
um tremor percorre,
longínquo, levíssimo,
o nervo das águas,

– essas águas fundas
que enrolam, dormidas,
o sono do bicho,
que já não é sono:
mal findo o arrepio,
começa a lavrar
o incêndio no açude.

AS ESTRANHEZAS HUMANAS

A Otto Lara Resende

Não quero mais o motivo
das coisas, nem mais cobiço
as verdades que se escondem,
avaras, no âmago límpido
das estranhezas humanas.
Foi-se-me a fome de nuvens,
foi no escuro, antes da aurora.

Trava-me o gosto da vida,
de tão pesada, esta absurda
precisão que tem meu ser
de ser sempre inteiramente,
sempre intensamente: em tudo.
Sobretudo no saber.
Contudo, jamais alcanço
sequer a fímbria da sombra
do saber que em vão persigo.

Não quero mais os motivos.
As coisas que me sucedam
a seu gosto: em meu desgosto
hei de fronteá-las. O mundo

que avance conforme a lei
(se é que mistério tem lei)
que rege e gera as razões
com que engana, cauteloso,
a todos que lhe moramos.
As mágoas que me chegarem
– e também as desventuras,
  desalentos, solidões –
não lhes irei mais às causas
(as ganas já me murcharam
  de ir aos côncavos, aos bojos):
simplesmente as sofrerei
– como quem sofre, fazendo
  de conta que está fingindo.
Assim vai ser. Não me quero
nem a própria explicação.
Capenga me siga o ser,
tonto me avance o vagar,
a cada passo pungindo
fundo em mim.

    Pode pungir:
além não vou (sempre, ou só
agora e aqui?) da certeza
que as coisas trazem na cara
e nas mãos, quando sucedem.
O que escondido restar,
que reste.
    Já me cansei
de mergulhos

       – sempre vãos,
sofridos sempre –
        em funduras
onde peixes lisos, frios
e invisíveis, acalantam
com ferrões feitos de nada
o desencanto da vida.
Assim me sonho. Entrementes,
me transpareço e me aceito:
– não tenho jeito, a não ser
  o jeito de ser sem jeito.

EXERCÍCIO NA FRÁGUA
DA AURORA

CAMPO de esperança: chão
onde o tempo cresce em relva
que é nosso pasto e perdão,
e onde urzes se erguem, nascidas
de tardança e solidão.

Ao campo de espera chego
e me finco fundo a fome
no chão.
        Rumino uma aurora
que não cabe no meu céu.

O termo de toda espera
começa, aquém da esperança,
dentro de nós, quando o verde
que era pasto, de repente
começa a pastar a fome
que em nós trazemos, de verdes.

Mas só em campo de esperança
é que floresce o milagre:
porque sonhadora, brilha
a treva, doce e tranquila.

PONDERAÇÕES QUE FAZ O DEFUNTO AOS QUE LHE FAZEM O VELÓRIO*

(1960; 1974)

---

* Os poemas deste livro, publicados inicialmente em 1960, foram retrabalhados pelo autor em 1974. Transcreve-se a última versão dos textos.

PRIMEIRA PARTE

*em que o defunto pede carinho e se
declara submisso, humildemente, à
praxe da vida.*

Antes do mais, recomendo
muito cuidado comigo:
sou um defunto delicado,
conto com vosso carinho.

E esclareço que, por mim,
não haveria o velório
que me fazeis, estou certo
que de bom grado.
              Não cuido
que o façais por gosto à praxe,
coisa que é tudo entre os vivos.
Pelo que for: aqui estais
em mercê que me acalanta
o coração:
             coração
de defunto existe: é pássaro
desmemoriado e cego
que, afinal livre, celebra,
em voo e cântico, dentro
do deserto peito, a volta
aos azuis onde nasceu.

Reconheço, não escondo,
que defunto é uma das coisas
mais incômodas que existem.
Como dá trabalho um morto!
Reconheço humildemente,
mas não posso fazer nada.
Já não posso, já não faço.

Vosso jeito é me aturar,
se possível com ternura,
pela qual me digo a todos
mui grato. E como sabeis,
gratidão límpida e isenta
de sede ou sonho é virtude
que somente é segregada
pelo pâncreas dos que partem.

De resto, não me presumo
morto de vasto velório.
Confio em vós, que sois poucos,
mas ricos dessa candura
da qual carece (aprendi)
até mesmo um crocodilo
pelas águas desta vida;
e solícitos no trato,
neste ligeiro e final
convívio com quem, outrora,
quis ser um bom companheiro,
e agora, defunto feito,
resto do ser que se fez
ao largo, na mais larga viagem,

espera apenas a praxe,
que é a lei forte dos que vivem,
(a não ser quando ferozes
são os donos do poder)
cumprir-se para que tudo
simplesmente se termine,
e enquanto espera o seu fim
disfarça de sono o corpo
que já não tem precisão
de dormir e longo e frágil
resta ao meio desta sala:

bagagem de quem partiu,
maletão velho e vazio,
sem nenhuma utilidade.
Mas o tempo já me espera
de retornar a servir:
cantando verde no nervo
do orvalho, na terra escura.
Melhor fora já estivesse
entre os sinuosos famintos.
Mas estou conforme às normas,
nem morto me livro delas.
Aqui espero o meu instante
de ser jogado aos porões.

Não me custa nem me acanho
de pedir vosso carinho:
sou um defunto delicado.

Agora vamos ao mais.

SEGUNDA PARTE

em que o defunto fala da travessia
que fez e do ser que se desfez.

O mais que tenho é pouco;
                    e não vos conto
das leis dessas campinas de silêncios
banhadas pelas sempre espessas águas
do rio em cujo bojo os mortos vão
pouco a pouco perdendo, como um bicho
que perde as peles velhas, o que sobra
do antigo ser terrestre.
                      Nem darei
notícias que vos sejam valerosas
sobre o ser já lavado, em cujos ocos
se vai desenrolando e enfim se alastra
um não-ser que, não sendo, não é límpido
como o cerne das coisas que jamais
existiram nem foram:
                     o que outrora
foi um ser de homem, já deixou de ser:
mas o não-ser em que se cumpre é um algo
que porventura implica, em seu mistério,
uma forma de ser, rombuda e opaca,
que não se indaga mas se sabe.
                            Tudo

sabeis, e nada, sobre essa matéria
que se funda em silêncio e entre silêncios
resguarda mortos, sempre sob o jugo
de cânones eternos e tranquilos
que também já me regem.
                    Ir não posso
mais além da ciência permitida
entre mortais.
                    Quanto a notícias minhas,
se um coração cativo me reclama,
apenas contarei, meu pé de página,
que já não sei de mim, porque ao mistério
também me incorporei:
                    se é que ainda resta
desse humano segredo algo encoberto.

Mas lá deixei a parte que foi minha,
dona do jeito de viver que tive,
ao qual devo deslumbres e tormentos,
que em meu peito plantou fome de nuvens
e o assombro de existir:
                    asa de sonho
que por ventura triste de repente
me viu tombar ao centro do caminho
no voo que mais largamente amei.

Deixai-a no silêncio, até que possa
um dia celebrar os seus encontros
em linguagem de seres despojados
dessa humana alegria de viver.

Tudo isso saberemos quando um dia
(por mais que tarde, será sempre cedo)
lícito seja o diálogo entre mortos.
Aqui, entretanto, o tempo conta e corre.
De corrida também, dentro de instantes,
os homens vão chegar, em uniformes,
e o prazo que me deram, generoso,
vai se extinguir.
    Mas antes que o velório
que me fazeis também chegue a seu termo,
algo mais vos pondero, com ternura.

TERCEIRA PARTE

*em que o defunto pondera as fadigas
humanas e corta o coração do homem.*

Afinal, vamos ao mais.
É pouco, mas é o que tenho
de mais valia a deixar
para seres bem-amados.

Vai dissolvido em conversa
de madrugada macia.
E um pouco leva do jeito
de recado derradeiro.

É sobre as vossas fadigas;
esse cansaço dos homens.
Não falo desta que chega
em final triste de festa,
no fim do sujo carinho
ou de velório mal feito.
Nem do cansaço fecundo
que planta no peito o sol.

De outra vos falo: a da vida;
essa canseira que nasce
dia a dia, das funduras
da indiferença, traiçoeira
como um ferrão que se adentra
pela alma.
                    Nasce em silêncio.

Cansaço. Frente a ti mesmo.
Cansaço. Nasce em silêncio:
de nossos tristes labores,
de amores mal entregados,
de andanças feitas de andar,
de sonhos que não florescem,
do ofício que no fundo
não é nada mais que ofício.
Do conviver cotidiano,
feito de medo e de engano,
e do mofo entrescondido
das obrigações caseiras.

São muitas, ai, e são fundas
essas fadigas que vão
crescendo, caracol negro,
com sua baba se arrastam
pelos porões de nossa alma;
e sempre fugindo aos cantos
da sombra onde se agasalha
o saldo de vossa infância:
– essa aurora de onde se ergue

como uma espada em vigília
o acalanto que afinal
é sempre toda esperança.
Minando o gosto que os homens
descobrem, e até fabricam,
nas coisas triviais da vida,
vai a fadiga minando
a alegria do trabalho,
o gosto de compartir,
a festa do bem-querer,
e pouco a pouco vai pondo
uma cinza áspera e amarga
em vosso olhar que, de pronto,
perde o poder do deslumbre
perante as coisas que sempre
vos foram como janelas
escancarando milagres.

É a cinza: e o arco-íris
fica invisível ao peito.

São essas cinzas que explicam
os desapreços doídos,
as ocas desalegrias,
os ócios com sobrenome,
súplicas turvas, esquivas,
que mansas se vão abrindo
em desmotivos de vida.

De outros tantos artifícios
e artimanhas, a canseira
se vale para que a vida
se empobreça do sentido
que lhe dá grandeza e graça:
o do amor.
 E se confunde
em labirintos de fúria,
que frequentemente é ódio,
de simplesmente fruir
o efêmero, e desse efêmero
possa edificar palavras
ocas, embora radiosas,
que desmereçam a paz
celebrada pelos anjos
e que neguem sobretudo
– a construção da justiça
e a claridão entre os homens,
que são, em força e poder,
o fundamento e a festa
de nossa vida.
 Perdão:
da vossa. Conquanto um pouco
de mim ainda frequente
esta sala de subúrbio
e embora preso à rotina
do tempo que vos pertence,
já não posso dizer minha
essa vida cujo espinho,
feito de amor, foi a dura

e doce dor dos meus dias.
Não vou dizer a palavra
essencial: a que resuma
o segredo e indique o rumo.
Contudo parto seguro
de que a manhã vai chegar
e o povo será poder.
Sobre como há-de chegar,
permaneço sobriamente
(e talvez triste) calado.
Digo apenas que é preciso
trabalhar todos os dias
e jamais desanimar.

Ademais, o que em verdade
precisa ser dito, sempre
foge aos freios da palavra.
E o saber que mais importa
apenas é conquistado
pelo coração dos poucos
que amam pastar os silêncios.
Foi esta, vos asseguro,
a lição melhor que a vida
me permitiu.
                  Se me inclino
a prosseguir na oferenda
perversa deste monólogo,
é apenas pelo dever
derradeiro e acaso inútil
de dar o meu testemunho.

Aprendi que esse cansaço
tem o veneno espalhado
por toda a vida – e só espera
uma brecha em qualquer peito,
uma fenda em qualquer sonho,
para entrar, inadvertido,
e de manso começar
a comer vossa esperança
e esgarçar as vestiduras
cerzidas que mal recobrem
vossa triste desnudez.
Essa desnudez do homem
que não sabe que ninguém
se liberta se está só.

Trato apenas de avisar.
Quero gravar sobre a água;
quisera que o vento verde
que atendia ao chamamento
do papagaio empinado,
bailando fosse ensinando
que ninguém sente o ferrão
entrando devagarinho
no fundo rubro do peito
de um homem – que é onde nasce
o gosto alegre de ser
e de viver.

Se vos digo é porque sei.
É pouco. Mas aprendi
como é difícil guardar
– a flama serena – o amor
aceso no coração.

Perdão por essa maneira
de falar. (Algumas vezes
é bom chover no molhado.)
Será cantilena antiga,
mas falei por precisão:
um defunto nunca mente.
Nada mais tenho a dizer
sobre a força mal provada
de vosso amor.

QUARTA PARTE

em que o defunto se confessa contente
pelas boas oportunidades que o velório
lhe deu.

Pois ora. Participando
dessa vossa boa vida
confesso que bem me tenho
(se é que um defunto se tem)
porque vos sinto a meu lado
(se é que um defunto tem lado).

Minha única vanglória
foi ter amigos: uns poucos,
mas a fina flor.
            Me levo
da vida (que tudo fica
na vida: tudo que é feito,
feito está para ficar
e entre homens florescer)
este gosto de servir
de pretexto, esse reencontro,
essa prosa generosa,
trivial, mais leve que triste
esse reviver de tempos,

essa frase ao pé do ouvido,
mas também esse temor,
talvez tremor, que o semblante
de um morto provoca sempre
e faz um vivo cismar.

Me agrada ver que servi,
mesmo estirado e assim lívido,
de pretexto para a vida:
para uma lágrima limpa,
o riso de companheiros
que há tempos não se encontravam
e também para essa fuga
ao compromisso e à rotina.

Quanto me alegra servir
para a desculpa bem dada
do marido andariego
que, me usando assim, não sabe
nem se imagina o prazer
que dá a esse peito vazio.

E sirvo por fim de marco
para esse redescobrir
inexorável da morte
que valora vossa vida.

É tempo já de dizer
que a morte nada me deu.
Nem dar podia, que tudo

está – e se encontra – na vida.
Aqui está o reino do homem.
Apenas a vida ensina
o que é preciso, inclusive
a morrer
      – sempre lembrando
      que cada um
      tem
      a sua vez
      e
      a sua hora.

QUINTA PARTE

em que o defunto, depois de ligeiras
confidências, agradece e se despede,
numa fala que é quase um cantar
de companheiro.

O certo é que dos costumes
do tempo e da vossa vida,
eu defunto participo;
se bem que à minha maneira,
muito incômoda maneira,
não de ser, mas de não ser.
Sei que já vos deste conta:
deixando de ser, deixei
também o jeito cambaio
– fato que convém se conte
a favor desse defunto
magro e sereno.
                    Chegaram
os homens do grave ofício:
me rondam de longe e mostram,
em suas feições de pedra,
um grande tédio embrulhado
numa pressa de acabar.

Agudo e límpido estala
o suave cristal de um pranto.
De uma menina, sozinha
ao lado do meu caixão.
(Desse pranto, muita estrela
se abrirá na escuridão.)

Adeus, amigos, me vou,
que meu prazo se acabou.
E enquanto os homens do ofício,
que já estão com a mão na massa,
impacientes esperam
que outra mão, amiga, amada,
abra delicada a rosa
que vou levando no peito,
uso este instante fugaz
para simples confidência,
a de beleza mais alta:
– valeu a pena viver.

Valeu a pena viver,
encontrar-vos neste mundo
e viver juntos os dias
cheios sempre dessa flama
erguida contra a injustiça;
mas também sempre lavados
pela infância, mar sem fundo,
que nos serviu de caminho
a grandes encantamentos
e sortilégios.

Adeus.
A vida é linda, e valeu.
Mas sobretudo valeu
para poder desvelar
os olhos da servidão,
e poder ferir o flanco
fedorento da opressão

Valeu a pena viver
para ir aprendendo a ser
do homem melhor irmão.

Adeus, vos deixo a certeza
da alegria construída
que um dia será do povo.

Valeu a pena viver
para recolher na fronte
a ternura de paloma
de tua mão de menina.
É por isso que escolhi
(em vez das roupas austeras
e solenes de costume)
esta roupa leve e branca,
sem paletó nem gravata.
Somente calça e camisa
aberta ao peito, e descalço
como um menino que vai
correndo pela manhã.
Assim me vou: levemente,

livre do vexame triste
das botinas reluzentes
e dos sapatos que sobram.

Uma roupa leve e branca,
rosa orvalhada no peito,
os pés descalços
                (os homens
já me trancam)
                nada levo
que possa magoar a paz,
o silêncio, a branquidão
da campina que me espera.

Rio de Janeiro, 1960.
Buenos Aires, 1974.

*FAZ ESCURO MAS EU CANTO**

(1965; 1999)

---

* Como em ocasiões anteriores, a versão adotada dos textos é a da reelaboração feita pelo autor. Neste caso, a de 1999.

A VIDA VERDADEIRA

Pois aqui está a minha vida.
Pronta para ser usada.

Vida que não se guarda
nem se esquiva, assustada.
Vida sempre a serviço
                da vida.
Para servir ao que vale
a pena e o preço do amor.

Ainda que o gesto me doa,
não encolho a mão: avanço
levando um ramo de sol.
Mesmo enrolada de pó,
dentro da noite mais fria,
a vida que vai comigo
                é fogo:
está sempre acesa.

Vem da terra dos barrancos
o jeito doce e violento
da minha vida: esse gosto
da água negra transparente.

A vida vai no meu peito,
mas é quem vai me levando:
tição ardente velando,
girassol na escuridão.

Carrego um grito que cresce
cada vez mais na garganta,
cravando seu travo triste
na verdade do meu canto.

Canto molhado e barrento
de menino do Amazonas
que viu a vida crescer
nos centros da terra firme.
Que sabe a vinda da chuva
pelo estremecer dos verdes
e sabe ler os recados
que chegam na asa do vento.
Mas sabe também o tempo
da febre e o gosto da fome.

Nas águas da minha infância
perdi o medo entre os rebojos.
Por isso avanço cantando.

Estou no centro do rio,
estou no meio da praça.
Piso firme no meu chão,
sei que estou no meu lugar,
como a panela no fogo
e a estrela na escuridão.

O que passou não conta?, indagarão
as bocas desprovidas.
Não deixa de valer nunca.
O que passou ensina
com sua garra e seu mel.

Por isso é que agora vou assim
no meu caminho. Publicamente andando.

Não, não tenho caminho novo.
O que tenho de novo
é o jeito de caminhar.
Aprendi
(o caminho me ensinou)
a caminhar cantando
como convém a mim
e aos que vão comigo.
Pois já não vou mais sozinho.

Aqui tenho a minha vida:
feita à imagem do menino
que continua varando
os campos gerais
e que reparte o seu canto
como o seu avô
repartia o cacau
e fazia da colheita
uma ilha de bom socorro.

Feita à imagem do menino
mas à semelhança do homem:
com tudo que ele tem de primavera
de valente esperança e rebeldia.

Vida, casa encantada,
onde eu moro e mora em mim,
te quero assim verdadeira
cheirando a manga e jasmim.
Que me sejas deslumbrada
como ternura de moça
rolando sobre o capim.

Vida, toalha limpa,
vida posta na mesa,
vida brasa vigilante
vida pedra e espuma,
alçapão de amapolas,
o sol dentro do mar,
estrume e rosa do amor:
a vida.
Mas é preciso merecer a vida.

*Santiago do Chile,
inverno de 1964.*

OS ESTATUTOS DO HOMEM

(Ato Institucional Permanente)

A Carlos Heitor Cony

Artigo I.　Fica decretado que agora vale a verdade,
que agora vale a vida,
e que de mãos dadas,
trabalharemos todos pela vida verdadeira.

Artigo II.　Fica decretado que todos os dias da semana,
inclusive as terças-feiras mais cinzentas,
têm direito a converter-se em manhãs de
[domingo.

Artigo III.　Fica decretado que, a partir deste instante,
haverá girassóis em todas as janelas,
que os girassóis terão direito
a abrir-se dentro da sombra;
e que as janelas devem permanecer, o dia
[inteiro,
abertas para o verde onde cresce a esperança.

Artigo IV.　Fica decretado que o homem
não precisará nunca mais

duvidar do homem.
Que o homem confiará no homem
como a palmeira confia no vento,
como o vento confia no ar,
como o ar confia no campo azul do céu.

Parágrafo Único: O homem confiará no homem
como um menino confia em outro
[menino.

Artigo V.   Fica decretado que os homens
estão livres do jugo da mentira.
Nunca mais será preciso usar
a couraça do silêncio
nem a armadura de palavras.
O homem se sentará à mesa
com seu olhar limpo
porque a verdade passará a ser servida
antes da sobremesa.

Artigo VI.   Fica estabelecida, durante dez séculos,
a prática sonhada pelo profeta Isaías,
e o lobo e o cordeiro pastarão juntos
e a comida de ambos terá o mesmo
[gosto de aurora.

Artigo VII. Por decreto irrevogável fica estabelecido
o reinado permanente da justiça e da
[claridade,

e a alegria será uma bandeira generosa
para sempre desfraldada na alma do povo.

Artigo VIII. Fica decretado que a maior dor
sempre foi e será sempre
não poder dar-se amor a quem se ama
e saber que é a água
que dá à planta o milagre da flor.

Artigo IX. Fica permitido que o pão de cada dia
tenha no homem o sinal de seu suor.
Mas que sobretudo tenha sempre
o quente sabor da ternura.

Artigo X. Fica permitido a qualquer pessoa,
a qualquer hora da vida,
o uso do traje branco.

Artigo XI. Fica decretado, por definição,
que o homem é um animal que ama
e que por isso é belo,
muito mais belo que a estrela da manhã.

Artigo XII. Decreta-se que nada será obrigado nem
[proibido,
tudo será permitido,
inclusive brincar com os rinocerontes
e caminhar pelas tardes
com uma imensa begônia na lapela.

Parágrafo Único: Só uma coisa fica proibida:
amar sem amor.

Artigo XIII. Fica decretado que o dinheiro
não poderá nunca mais comprar
o sol das manhãs vindouras.
Expulso do grande baú do medo,
o dinheiro se transformará em uma
                              [espada fraternal
para defender o direito de cantar
e a festa do dia que chegou.

Artigo Final. Fica proibido o uso da palavra liberdade,
a qual será suprimida dos dicionários
e do pântano enganoso das bocas.
A partir deste instante
a liberdade será algo vivo e transparente
como um fogo ou um rio,
e a sua morada será sempre
o coração do homem.

Santiago do Chile,
abril de 1964.

CANÇÃO PARA OS FONEMAS
DA ALEGRIA

A Paulo Freire

Peço licença para algumas coisas.
Primeiramente para desfraldar
este canto de amor publicamente.

Sucede que só sei dizer amor
quando reparto o ramo azul de estrelas
que em meu peito floresce de menino.

Peço licença para soletrar,
no alfabeto do sol pernambucano
a palavra ti-jo-lo, por exemplo,

e poder ver que dentro dela vivem
paredes, aconchegos e janelas,
e descobrir que todos os fonemas

são mágicos sinais que vão se abrindo
constelação de girassóis gerando
em círculos de amor que de repente
estalam como flor no chão da casa.

Às veses nem há casa: é só o chão.
Mas sobre o chão quem reina agora é um homem
diferente, que acaba de nascer:

porque unindo pedaços de palavras
aos poucos vai unindo argila e orvalho,
tristeza e pão, cambão e beija-flor,

e acaba por unir a própria vida
no seu peito partida e repartida
quando afinal descobre num clarão

que o mundo é seu também, que o seu trabalho
não é a pena que paga por ser homem,
mas um modo de amar – e de ajudar

o mundo a ser melhor.
                    Peço licença
para avisar que, ao gosto de Jesus,
este homem renascido é um homem novo:

ele atravessa os campos espalhando
a boa-nova, e chama os companheiros
a pelejar no limpo, fronte a fronte,

contra o bicho de quatrocentos anos,
mas cujo fel espesso não resiste
a quarenta horas de total ternura.

Peço licença para terminar
soletrando a canção de rebeldia
que existe nos fonemas da alegria:

canção de amor geral que eu vi crescer
nos olhos do homem que aprendeu a ler.

Santiago do Chile,
primavera de 1964.

POEMA DE QUARTO CENTENÁRIO

Para Astrojildo Pereira

Olho longamente num jornal
que serve de correio da manhã
a fotografia do escritor
num cárcere do Rio de Janeiro.
De tanta doçura,
parece a foto de um adolescente.
Recordo que muitas vezes lhe vi
brincar no olhar um alegre passarinho,
um arabesco de amor no azul aberto,
o terno gosto da alegria humana.

Mas já está com 74 anos o escritor,
o escritor preso.
Está preso porque provou
do mundo que lhe coube,
e achou o mundo amargo
e um tanto podre.

Continuo olhando no jornal
a fotografia do grande machadiano
sentado altivo no catre,
o seu perfil sereno

e malferido
na dor da biblioteca devassada,
o olhar cravado límpido na vida
consumida na construção do amor,
esse poder imenso de canção
de amanhecer na boca anoitecida.

Queima demais a brasa desta foto:
brasa de incêndios, frágua da manhã.
É preciso fazer alguma coisa,
varar no escuro um rumo de meninos,
inventar um navio de amapolas,
aprender outra vez a soletrar,
abrir os alicerces do arco-íris,
é preciso fazer alguma coisa
para lavar a vida degradada.

Tudo porém depende de um major.
Porque perante vozes que se ergueram,
os altos fabricantes de justiça,
que decidem de sortes e destinos,
devolveram-lhe todos o direito
de ser dentro da lei um homem livre.

Sucede que o major disse que não.
O major simplesmente diz que não,
e não sucede nada que escalavre
o medo enfurecido, salvo o vento

que lava livre a mágoa da cidade
heróica e leal de São Sebastião
na festa do seu quarto centenário.

Santiago do Chile,
noite de ano novo, 1965.

MADRUGADA CAMPONESA

Madrugada camponesa,
faz escuro ainda no chão,
mas é preciso plantar.
A noite já foi mais noite,
a manhã já vai chegar.

Não vale mais a canção
feita de medo e arremedo
para enganar solidão.
Agora vale a verdade
cantada simples e sempre,
agora vale a alegria
que se constrói dia a dia
feita de canto e de pão.

Breve há de ser (sinto no ar)
tempo de trigo maduro.
Vai ser tempo de ceifar.
Já se levantam prodígios,
chuva azul no milharal,
estala em flor o feijão,
um leite novo minando
no meu longe seringal.

Já é quase tempo de amor.
Colho um sol que arde no chão,
lavro a luz dentro da cana,
minha alma no seu pendão.

Madrugada camponesa.
Faz escuro (já nem tanto),
vale a pena trabalhar.
Faz escuro mas eu canto
porque a manhã vai chegar.

CANTIGA DE CLARIDÃO

Camponês, plantas o grão
no escuro – e nasce um clarão.
Quero chamar-te de irmão.

De noite, comendo o pão,
sinto o gosto dessa aurora
que te desponta da mão.

Fazes de sombras um facho
de luz para a multidão.
És um claro companheiro
mas vives na escuridão.
Quero chamar-te de irmão.

E enquanto não chega o dia
em que o chão se abra em reinado
de trabalho e de alegria,
cantando junto, ergamos
a arma do amor em ação.

A rosa já se faz flama
no gume do coração.

Camponês, plantas o grão
no escuro – e nasce um clarão.
Quero chamar-te de irmão.

Santiago do Chile,
novembro de 1964.

A RAIZ

A Moacyr Felix

Num campo de silêncio
onde pastam manhãs
estou pelo que sou.

Canção azul de cobre
me chega pelo vento:
em sua dor me deito.

Um espesso lençol
com ternura de pinhos
enrola o coração.

O sangue levanta
no espaço bandeiras
de fogo e limão.

Até a pedra entrega
seus ásperos segredos
ao cristalino dia.

A raiz arranca
com sua garra de amor
a rosa do meu peito.

E reparto o diamante
que a infância me deu.

JANELA DO AMOR IMPERFEITO

Alta esquina no céu, tua janela
surge da sombra e a sombra faz dourada.
Já não me sinto só defronte dela,
me chega doce o fel da madrugada.

Atrás dela te estendes alva e em sonho
me levas desamado sem saber
que mais amor te invento e que te ponho
sobre o corpo um lençol de amanhecer.

Doce é saber que dormes leve e pura,
depois da dura e fatigante lida
que a vida já te deu. Mas é doçura

que sabe a sal no mais azul do peito
onde o amor sofre a pena malferida
de ser tão grande e ser tão imperfeito.

A APRENDIZAGEM AMARGA

Chega um dia em que o dia se termina
antes que a noite caia inteiramente.
Chega um dia em que a mão, já no caminho,
de repente se esquece do seu gesto.
Chega um dia em que a lenha já não chega
para acender o fogo da lareira.
Chega um dia em que o amor, que era infinito,
de repente se acaba, de repente.

Força é saber amar doce e constante
com o encanto de rosa alta na haste,
para que o amor ferido não se acabe
na eternidade amarga de um instante.

BOTÃO DE ROSA

Nos recôncavos da vida
jaz a morte.
         Germinando
no silêncio.
         Floresce
como um girassol no escuro.
De repente vai se abrir.
No meio da vida, a morte
jaz profundamente viva.

POEMA PERTO DO FIM

A morte é indolor.
O que dói nela é o nada
que a vida faz do amor.
Sopro a flauta encantada
e não dá nenhum som.
Levo uma pena leve
de não ter sido bom.
E no coração, neve.

ÁGUA DE REMANSO

Cismo o sereno silêncio:
sou: estou humanamente
em paz comigo: ternura.

Paz que dói, de tanta.
Mas orvalho. Em seu bojo
estou e vou, como sou.

Ternura: maneira funda,
cristalina do meu ser.
Água de remanso, mansa
brisa, luz de amanhecer.

Nunca é a mágoa mordendo.
Jamais a turva esquivança,
o apego ao cinzento, ao úmido,
a concha que aquece na alma
uma brasa de malogro.

É ter o gosto da vida,
amar o festivo, e o claro,
é achar doçura nos lances
mais triviais de cada dia.

Pode também ser tristeza:
tranquilo na solidão macia.
Apaziguado comigo,
meu ser me sabe: e me finca
no fulcro vivo da vida.

Sou: estou e canto.

A CANÇÃO DO AMOR ARMADO

(1966)

TEMPO DE REBELDIA

O tempo do inimigo, quando veio,
parecia que fosse de cuidados.
Era esconder a rosa, companheiro,
e proteger as relvas da ternura
contra o tacão feroz e disfarçado.
Não descuidassem nunca as forças claras
do instante exato de arrojar a luz.
Era uma espera que podia doer,
mas o tempo de amor não tardaria.

Não tardará, eu sei, mas descuidaram
não só do tempo, mas até do amor,
cuja canção mais bela foi ferida
pelo ferrão que era encolhido e curvo,
mas foi ficando ousado e tão altivo
que o seu próprio poder foi dilatando
cada vez mais em tempo, cinza e fel.

O tempo do inimigo se acrescenta
de tão turvo poder, que está marcando
– o tempo do inimigo está marcando
a hora da rebeldia em nosso amor.

Mas só o povo é quem pode a rebeldia
quando no peito não lhe cabe a dor
que irrompe – e então são águas represadas
que desprendem, no seu volume espesso,
os ímpetos crescidos, despencados
no seu destino imenso de ser livre,
que se expande em fragor de tempestades
e gera brados balizando o rumo
por onde avança o povo rebelado.

CANÇÃO DO AMOR ARMADO

Vinha a manhã no vento do verão,
e de repente aconteceu.
                Melhor
é não contar quem foi nem como foi,
porque outra história vem, que vai ficar.
Foi hoje e foi aqui, no chão da pátria,
onde o voto, secreto como o beijo
no começo do amor, e universal
como o pássaro voando – sempre o voto
era um direito e era um dever sagrado.

De repente deixou de ser sagrado,
de repende deixou de ser direito,
de repente deixou de ser, o voto.
Deixou de ser completamente tudo.
Deixou de ser encontro e ser caminho,
deixou de ser dever e de ser cívico,
deixou de ser apaixonado e belo
e deixou de ser arma – de ser a arma,
porque o voto deixou de ser do povo.

Deixou de ser do povo e não sucede,
e não sucedeu nada, porém nada?

De repente não sucede.
Ninguém sabe nunca o tempo
que o povo tem de cantar.
Mas canta mesmo é no fim.

Só porque não tem mais voto,
o povo não é por isso
que vai deixar de cantar,
nem vai deixar de ser povo.

Pode ter perdido o voto,
que era sua arma e poder.
Mas não perdeu seu dever
nem seu direito de povo,
que é o de ter sempre sua arma,
sempre ao alcance da mão.

De canto e de paz é o povo,
quando tem arma que guarda
a alegria do seu pão.
Se não é mais a do voto,
que foi tirada à traição,
outra há de ser, e qual seja
não custa o povo a saber,
ninguém nunca sabe o tempo
que o povo tem de chegar

O povo sabe, eu não sei.
Sei somente que é um dever,
somente sei que é um direito.

Agora sim que é sagrado:
cada qual tenha sua arma
para quando a vez chegar
de defender, mais que a vida,
a canção dentro da vida,
para defender a chama
de liberdade acendida
no fundo do coração.

Cada qual que tenha a sua,
qualquer arma, nem que seja
algo assim leve e inocente
como este poema em que canta
voz de povo – um simples canto
de amor.
           Mas de amor armado.

Que é o mesmo amor. Só que agora
que não tem voto, amor canta
no tom que seja preciso
sempre que for na defesa
do seu direito de amar.

O povo, não é por isso
que vai deixar de cantar.

Rio, 6 de fevereiro, 1966

POEMA DA PRAÇA DESTERRADA

Em abril, certa noite estive perto
da esperança de povo erguido em canto.
Antes nunca jamais meu peito certo
esteve da alegria, mas o pranto

foi que desceu lavrando no deserto
da praça desterrada. O meu espanto
não foi de ver o coração coberto
pelo medo feroz, de turvo manto.

Mas de ver que ninguém amar sabia,
como quem ama a rosa namorada,
a pátria de repente degradada.

Ver que ninguém na rua uma canção
cantou de amor chamando à rebeldia
para o trabalho amargo da alegria.

INICIAÇÃO DO PRISIONEIRO

*(Poema escrito a 21 de novembro de 1965,
numa cela do Quartel da Polícia do
Exército, no Rio de Janeiro, ao qual o autor
foi recolhido por haver participado de uma
manifestação contra a ditadura, em frente
ao Hotel Glória, no instante mesmo em
que ali chegava o ditador para inaugurar
a Conferência da OEA. Desse protesto
participaram, entre outros, os companhei-
ros Antônio Callado, Jayme de Azevedo
Rodrigues, Carlos Heitor Cony, Márcio
Moreira Alves, Flávio Rangel, Glauber
Rocha, Joaquim Pedro de Andrade e
Mário Carneiro, todos eles presos – e aos
quais é dedicado este poema.)*

É preciso que Amor seja a primeira
palavra a ser gravada nesta cela.
Para servir-me agora e companheira
seja amanhã de quem precise dela.

Não sei o que vai vir, mas se desprende
dessa palavra tanta claridão,
que com poder de povo me defende
e me mantém erguido o coração.

No muro sujo, Amor é uma alegria
que ninguém sabe, livre e luminosa
como as lanças de sol da rebeldia,
que é amor, é brasa e de repente é rosa.

MEDITAÇÃO NO REINO DA PANTERA AZUL

A Otto Maria Carpeaux

É de repente que ela vem, não vem
quando há pressentimento de chegada.
Ela chega: e já é tarde para tudo.
Jamais se mostra inteira. Mas é fêmea.
É preciso ficar e seguir sendo,
até que ela comece a farejar
o que guardas no fundo do teu nome.
Mas não vale o seu preço e a sordidez
da moeda que ela exige: não quer nada.
Vai a teu lado, não se afasta nunca,
entre as dobras da roupa se agasalha,
gosta muito da nuca e dos cabelos;
imóveis suas mãos pousam nos ombros,
que não sentem, mas sabem: sofrem mais
do que se fossem brasas.
                      Tudo é igual
ao que era há muitos anos e ao que foi
numa semana antiga em teu jardim.
A véspera é que fica tão remota
que chega a ser penoso relembrá-la.
A casa fica a selva mais cerrada,

há secretos desvãos que nunca vimos
mas que nos chamam com veludos quentes,
nos ensinam cantigas namoradas,
que não sabem jamais porque calaram.
À traição és chamado para a luta:
tudo se cobre de alvacento pó,
nada é gosmento, a não ser contatos
inesperados como as mariposas
que descem devassando a solidão.

O sol da mais antiga primavera
queima o teu sangue e estala na garganta
que tu já não dominas há cem noites,
e há uma sequidão pelas gengivas;
mas logo os joelhos surgem deslumbrados
e vão deixando ver cores roliças
e um calor entreaberto devagar
nas cercanias laterais das coxas.
Mas é só. Falta o céu. Toda de azul
a pantera te fita demorada
como se não te conhecesse – e canta.
Subitamente as coisas ocas rangem
e pões no lance mais trivial da vida
o interesse total: o encantamento
é terrível e fugaz, porque te dá
no relance em clarão a descoberta
feroz e fria da inutilidade
da prenda que te estava seduzindo.

É quando as coisas todas em geral,
inclusive a parede, o calendário,
a faca de cristal no velador,
os grandes sentimentos, as palavras
proferidas na praça, os compromissos,
passam como água, passam como um rio
de águas espessas que não correm nunca,
recobertas de espuma apodrecida.
Contudo, ela tem flores pelos flancos,
tem distrações que te permitem pássaros,
com esse ardor molhado de varão
que ela não deixa erguer-se dos porões
dentro dos quais contigo ela se esconde
sabendo que lhe cabe a escuridão:
e no seu reino luminoso cravas
tuas raízes ocas, de silêncios
que se enterram cantando pelo chão.

POESIA COMPROMETIDA COM A MINHA E A TUA VIDA

(1975)

POESIA COMPROMETIDA COM A MINHA E A TUA VIDA

Pequena História Natural do Homem,
no fim que vem vindo do século vinte
(1975)

É PRECISO FAZER
ALGUMA COISA

Escrevo esta canção porque é preciso.
Se não a escrevo, falho com o pacto
que tenho abertamente com a vida.
E é preciso fazer alguma coisa
para ajudar o homem.
                              Mas agora.
Cada vez mais sozinho e mais feroz,
a ternura extraviada de si mesma,
o homem está perdido em seu caminho.
É preciso fazer alguma coisa
para ajudá-lo. Ainda é tempo.
                                    É tempo.
Apesar do próprio homem, ainda é tempo.
Apesar dessa crosta que cultivas
com amianto e medo, ainda é tempo.
Apesar da reserva delicada
das toneladas cegas mas perfeitas
de TNT pousado sobre o centro
de cada coração – ainda é tempo.

No Brasil, lá na Angola, na Alemanha,
na ladeira mais triste da Bolívia,
nessa poeira que embaça a tua sombra,
na janela fechada, no mar alto;

no Próximo Oriente e no Distante,
na nova madrugada lusitana
e na avenida mais iluminada
de New York. No Cuzco desolado
e nas centrais atômicas atônitas,
em teu quarto e nas naves espaciais
– é preciso ajudá-lo.
              Nas esquinas
onde se perde o amor publicamente,
nas cantigas guardadas no porão,
nas palavras escritas com acrílico,
quando fazes o amor para ti mesmo.
Na floresta amazônica, nas margens
do Sena, e nos dois lados deste muro
que atravessa a esperança da cidade
onde encontrei o amor
                      – o homem está
ficando seco como um sapo seco
e a sua casa já se transformou
em apenas local de seu refúgio.

Lá na Alameda de Bernardo O'Higgins
e no sangue chileno que escorria
dos corpos dos obreiros fuzilados,
levados para a fossa em caminhões
pela ferocidade que aos domingos
sabe se ajoelhar e cantar salmos.
Lá na terra marcada como um boi
pela brasa voraz do latifúndio.

Dentro do riso torto que disfarça
a amargura da tua indiferença,
na mágica eletrônica dourada,
no milagre que acende os altos-fornos,
no desamor das mãos, das tuas mãos,
no engano diário, pão de cada noite,
o homem agora está, o homem autômato,
servo soturno do seu próprio mundo,
como um menino cego, só e ferido,
dentro da multidão.
              Ainda é tempo
Sei porque canto: se raspas o fundo
do poço antigo de sua esperança,
acharás restos de água que apodrece.
É preciso fazer alguma coisa,
livrá-lo dessa sedução voraz
da engrenagem organizada e fria
que nos devora a todos a ternura,
a alegria de dar e receber,
o gosto de ser gente e de viver.

É preciso ajudar.
             Porém primeiro,
para poder fazer o necessário,
é preciso ajudar-me, agora mesmo,
a ser capaz de amor, de ser um homem.
Eu que também me sei ferido e só,
mas que conheço este animal sonoro
que profundo e feroz reina em meu peito.

Alemanha, setembro, 1974.

É NATURAL, MAS FEDE

Tudo é muito natural. É como o mar
noturno, as ondas vão, as ondas vêm.
É como a cotidiana hipocrisia,
eu nem sei mais como se diz bom dia.
É como o beija-flor querendo o sumo
da flor que entrega sem saber que dá.
É a gaivota planando, é natural,
o peixe que ela viu já foi-se embora,
desesperança alada, de perfil.
De frente é o olhar, que logo se desvia,
da legião deserdada, é natural.
É a cascata descendo, é o girassol
humilde na esperança de uma luz
que lhe brinde o favor da poluição.
É tudo, tudo, muito natural.
A paloma cagando na cabeça
da princesa esculpida em solidão.
É como aquela antiga mão do índio
que eu vi tremendo na perfuratriz
num socavão da mina boliviana.
É como a história natural das águas
que fazem dos rebojos o mal fim
dos homens que perseguem seringueiras,
destino duro do meu tio Joaquim.
É tudo natural na Venezuela:

o povo come ardências de óleo sujo
enquanto as autopistas te deslumbram
e forjas teorias on the rocks.
A solidariedade se transforma
em favor, os crimes em memória,
ninguém mais se comove e se acostuma
à dor da mordidura em pleno peito.
Quero voltar pro morro, é natural,
pois lá é que estão as curvas da chinela
da morena que um dia, fatigada,
queria mais, que eu fosse dentro dela,
como um rei, um brinquedo, uma agonia,
e então nós fomos juntos sendo a vida,
mas de repente a morte, é natural.
Tudo é tão natural, é como o céu
estrelado demais da minha terra
cobrindo o sonho opaco de um menino
– mordido de carapanã, caralho! –
que sequer sabe onde começa a fome.
As vozes do Salgueiro, na avenida,
porta-estandarte verde, me perguntam:
– E você sabe onde termina o céu?
E você sabe onde termina a terra?
E você sabe onde termina o mar?
Canto que não, naturalmente não.
Tenho muitos mistérios misturados,
curtidos em salmoura fedorenta.
Alguns serão matéria de mercado,
como o meu coração que, tantas vezes,
exposto esteve em campo de amapolas,

mas nunca foi comprado, é natural.
Outros serão caterva de alçapões:
químico, turvo, o mundo me penetra
pelos poros mais podres, me rebelo,
não posso me entregar. Homem do Atlântico
pasto da luz latino-americana,
conheço a petroquímica ao reverso:
um fogo que se entrega à atmosfera,
fedento triste e inútil, enquanto hormônios,
enquanto pernas, enquanto fervores,
na solidão soturna das cidades,
na entressombra dourada das favelas,
se abraçam procurando a primavera
numa chama que nunca vai jamais
erguer a liberdade, é natural,
desse escuro porão, refúgio do homem,
mordido pelo sol do escorpião.

Mainz, Alemanha,
1974 se acabando.

A VERDADE

A verdade é a luz pequena
ardendo na escuridão.
Da terra, ela nasce e cresce
de vida, na tua mão.
Quem a encontra, gasta um rio
de palavras, inaugura
braços e barcos, mostrando.
Ninguém a vê. De repente,
é um sol imenso no peito
da multidão: é a verdade
no centro do seu poder.
Mas ela também se acaba.
E quando se acaba
é uma brasa oca, faminta,
devorando o coração.

MORMAÇO DE PRIMAVERA

Entre chuva e chuva, o mormaço.
A luz que nos entrega o dia
não dá ainda para distinguir
o sujo do encardido,
o fugaz, do provisório.
A própria luz é molhada.
De tão baça, não me deixa
sequer enxergar o fundo
dos olhos claros da mulher amada.

Mas é com esta luz mesmo,
difusa e dolorida,
que é preciso encontrar as cores certas
para poder trabalhar a primavera.

1971, nos campos de Cautín.

AINDA NÃO É O FIM

Escondo o medo e avanço. Devagar.
Ainda não é o fim. É bom andar,
mesmo de pernas bambas. Entre os álamos,
no vento anoitecido, ouço de novo
(com os mesmos ouvidos que escutaram
"Mata aqui mesmo") um riso de menina.
Estou quase canção, não vou morrer
agora, de mim mesmo, mal livrado
de recente e total morte de fogo.
A vida me reclama: a moça nua
me chama da janela, e nunca mais
me lembrarei sequer dos olhos dela.
Posso seguir andando como um homem
entre rosas e pombos e cabelos
que em prazo certo me devolverão
ao sonho que me queima o coração.

Muito perdi, mas amo o que sobrou.
Alguma dor, pungindo cristalina,
alguma estrela, um resto de campina.
Com o que sobrou, avanço, devagar.
Se avançar é saber, lâmina ardendo
na flor do cerebelo, porque foi
que a alegria, a alegria começando
a se abrir, de repente teve fim.
Mas que avançar no chão ferido seja
também saber o que fazer de mim.

Santiago,
fim de setembro, 1973.

O SOL QUE INSTIGA

Nos olhos, teu sol instiga
a viajar nas profundezas.
Teus cabelos trazem pássaros,
espalham punhais dourados
sobre o teu peito. O meu sangue
lhes transmite um resplendor
que palpita em teu orgasmo.
Te encegueces quando o mar
que te viaja de nascença,
se derrama entre nós dois
e nos envolve em lençóis
de areia e vento: a alegria.

(É preciso entreabrir a rosa escura
devagarinho, pra sugar o dia.)

UM FAVO PARA A ISABELLA

Levo o teu riso, canção
no escuro, rosa de mel.
Te deixo a prenda de um sol:
meu amor contra a injustiça.
Te vai ser doce este favo
que agora me sabe a fel.

CAMPINA E JANELA

Pra esperança pequenina
da minha filha Isabella,
estendo aqui uma campina
em frente de sua janela:
Isabella, bela, bela,
tu vais ver o que virá.

MORMAÇO NA FLORESTA

(1981)

COMO UM RIO

Para o André

Ser capaz, como um rio
que leva sozinho
a canoa que se cansa,
de servir de caminho
para a esperança.
E de lavar do límpido
a mágoa da mancha,
como o rio que leva
                e lava.

Crescer para entregar
na distância calada
um poder de canção,
como o rio decifra
o segredo do chão.

Se tempo é de descer,
reter o dom da força
sem deixar de seguir.
E até mesmo sumir
para, subterrâneo,

aprender a voltar
e cumprir, no seu curso,
o ofício de amar.

Como um rio, aceitar
essas súbitas ondas
feitas de águas impuras
que afloram a escondida
verdade nas funduras.

Como um rio, que nasce
de outros, saber seguir
junto com outros sendo
e noutros se prolongando
e construir o encontro
com as águas grandes
do oceano sem fim.

Mudar em movimento,
mas sem deixar de ser
o mesmo ser que muda.
Como um rio.

Na Freguesia do Andirá,
janeiro de 1981.

AS ENSINANÇAS DA DÚVIDA

Tive um chão (mas já faz tempo)
todo feito de certezas
tão duras como lajedos.

Agora (o tempo é que o fez)
tenho um caminho de barro
umedecido de dúvidas.

Mas nele (devagar vou)
me cresce funda a certeza
de que vale a pena o amor.

QUANDO A VERDADE FOR FLAMA

§. As colunas da injustiça
sei que só vão desabar
quando o meu povo, sabendo
que existe, souber achar
dentro da vida, o caminho
que leva à libertação.
Vai tardar, mas saberão
que esse caminho começa
na dor que acende uma estrela
no centro da servidão.
De quem já sabe, o dever
(luz repartida) é dizer.
Quando a verdade for flama
nos olhos da multidão.
o que em nós hoje é palavra
no povo vai ser ação.

Rio de Janeiro, 1980.

§. O meu filho morreu de madrugada.
Ele era como um girassol vermelho
como um cavalo sempre de perfil
uma avestruz que recusava a areia
a tulipa gelada num vulcão.
Tinha medo de ser um companheiro,
tinha espinhas lilases na garganta
e uma vontade que lhe anoitecia
de romper o segredo dos cristais.
Mas era um curió quando a manhã
chegava nas subidas da montanha
recobertas de um musgo imperdoável.
O meu filho está morto aqui a meu lado:
as estrelas que pulam dos seus olhos
iluminam os meus erros mais antigos.
Mas do seu tornozelo se ergue um canto
que me apazigua, porque mostra os pregos
que lhe foram fincados pelas águas
que navegamos cegos e abraçados
como se abraçam pássaros fugindo.

No sol do
Amazonas, 1979.

§. Ontem sonhei com três rinocerontes
que me chamavam, rosas no unicórnio,
pelo nome que tive de menino.
Mordidos pelos pássaros noturnos,
pupilas assombradas, me chamavam
a com eles partir, antes da aurora,
para o lugar onde as estrelas nascem,
enquanto se afundavam numa lama
coberta de ametistas e de garças.
Quero ficar. Mas antes que se afundem,
a pele, peço, a pele que me deixem,
em carne viva sigam pelos pântanos,
mas a pele me deixem, que proteja
o que no peito meu finda de infância.

Barreirinha, 1980.

NUM CAMPO DE MARGARIDAS

(1986)

§. CONFIDÊNCIA PARA SER GRAVADA NA LÂMINA DA ÁGUA

Caminho bem na minha solidão.
porque sei de mim mesmo o que perdi.
Não tenho mais precisão de mentir.
Enfrento cara a cara o desamor
que mal me disfarcei. Não fui capaz
de ser o que sonhei. Fiquei aquém
das palavras ardentes que inventei
para que um dia triunfasse o amor.
Porque não dei, com medo de perder,
o diamante mais puro, no meu peito,
inútil de fulgor, se consumiu.

ANTIMEMÓRIA

§. Lembro-me dela atravessando a rua,
da sua mão perdida me chamando.
Mas já é como se fosse através da água.

Barreirinha, o rio subindo
Fim de 1985.

ME ASSOMBRO DE SER FELIZ

§.
Perante o que não alcanço
discernir de mim, pergunto
por ti em meu ser, na esperança
de me saber.
　　　　　Me responde
um cântico alado e livre
que vinca de verde o vento.
Pergunto quem sou:
　　　　　　　um pássaro
me traz no bico o teu nome.
Docemente se desfaz
a precisão de indagar.
Inteira e livre a meu lado,
dormes, acordada em mim.
Já me basta com te olhar.
Me assombro de ser feliz.

NUM CAMPO DE MARGARIDAS

Sonhei que estavas dormindo
num campo de margaridas
sonhando que me chamavas,
que me chamavas baixinho
para me deitar contigo
num campo de margaridas.
No sonho ouvia o meu nome
nascendo como uma estrela,
como um pássaro cantando.

Mas eu não fui, meu amor,
que pena!, mas não podia,
porque eu estava dormindo
num campo de margaridas
sonhando que te chamava
que te chamava baixinho
e que em meu sonho chegavas,
que te deitavas comigo
e me abraçavas macia
num campo de margaridas.

Defronte do Atlântico,
primavera de 1986.

TERCETOS DE AMOR

§.
Só agora aprendi
que amar é ter e reter.
Foi quando te vi.

§.
Vi quando a rosa se abriu.
Como a eternidade
pode ser tão fugaz?

§.
Não sei quando é o mar,
ou se é o sol dos teus cabelos.
Tudo são funduras.

§. Na entressombra, o sabre
se estira na relva morna.
O nenúfar se abre.

§.
Tua mão me confiou
a clave do esconderijo.
Segredo de pétalas.

§.
Um pássaro enorme
abre as asas no orvalho.
A begônia dorme.

§.
Te amar (estremeço)
me leva perto de Deus.
De repente O mereço.

§. Sal de tantas perdas
cegou a luz do meu chão.
Trouxeste as estrelas.

§. Pássaro, preferes
ser rumo e asa do teu voo.
Não, o azul não queres.

§.
Brilha um dorso: és tu.
Encontro no teu ventre
a explicação da luz.

§. Todas da razão,
as palavras sábias calam.
Fala o coração.

§.
Acho o meu caminho
quando a mão dela me leva.
Não sou mais sozinho.

§. Amor, te fiz dano.
A mariposa se queima
na lâmpada do engano.

§. Na noite calada,
minha tristeza recende.
Ervas maceradas.

§. Que tempo? Não sei.
Sou pássaro. Enquanto a flor
me for, me darei.

§. Amor não se agradece.
Quem dá o que canta lá dentro
do coração – se enriquece.

§. Até em meu sono, amor,
te plantas no meu peito.
Sonho que sou flor.

§. Quem todo não se dá
a cada instante – um dia
amanhece sem nada.

O TEMPO DENTRO DO ESPELHO

§.
O tempo não existe, meu amor.
O tempo é nada mais que uma invenção
de quem tem medo de ficar eterno.
De quem não sabe que nada se acaba,
que tudo o que se vive permanece
cinza de amor ardendo na memória.

§.
O tempo passa? Ai, quem me dera! O tempo
fica dentro de mim, cantando fica
ou me queimando, mas sou eu quem canto
eu que me queimo, o tempo nada faz
sem mim que lhe permito a minha vida.
De mim depende, sou sua matéria,
esterco e flor do chão da minha mente,
o tempo é o meu pecado original.

§.
Para cumprir-se, o tempo necessita
de tudo o que já fiz e se aproveita
da moça adormecida na campina
perante a minha dor adolescente;
dos cabelos de minha mãe tão moça,
tão valente na proa da canoa;
da lágrima no olhar do meu amigo
me dizendo "que pena, eu vou morrer";
do meu primeiro filho perguntando
"para onde vai o mar quando é de noite?",
da tua mão na minha dentro da água;
do medo que eu senti na cordilheira,
dos cavalos correndo no vulcão
assustando as estátuas solitárias
com seus olhos de pedra me espreitando;
da pele do meu peito que murchou;
do espelho sempre intacto em que se esconde
o pretérito mais do que imperfeito
da minha vida.
      O tempo é a minha sina
aderida a meu sonho além da aurora,
a frágua do meu cântico futuro.

§.

O tempo é a sombra e a luz do pensamento.
Mas sobretudo é o que te faz pensar.
Por isso ele não passa e não se perde.
O tempo dura inteiro a teu dispor:
pele imóvel de mar em movimento,
feito de imagens, nuvens, flores, flamas
e cinzas – tudo coisas que te falam
na voz, que não se cala, dos silêncios.

§.

Tempo, te dou memória de ti mesmo
pela mão do meu ser. Eu te dou tempo,
esta a tua verdade, eu que te invento
e te permito doer – e tu me mordes
e degradas o sol das minhas pálpebras
e me instigas feiuras escondidas
e esgarças a espessura do meu sono,
mas me vingo de ti, e quase te amo
porque nunca me gastas a esperança.

§.
Amor que mede o seu tempo
para saber se perdura
talvez não tenha aprendido
que a eternidade se acaba
no instante em que se inaugura.

AMAZONAS, PÁTRIA DA ÁGUA

(1987)

§. *Eu venho desse reino generoso,*
onde os homens que nascem dos seus verdes
continuam cativos esquecidos
e contudo profundamente irmãos
das coisas poderosas, permanentes
como as águas, os ventos e a esperança.
Vem ver comigo o rio e as suas leis.
Vem aprender a ciência dos rebojos,
vem escutar os cânticos noturnos
no mágico silêncio do igapó
coberto por estrelas de esmeralda.

§. *Filho da floresta, água e madeira*
vão na luz dos meus olhos,
e explicam este jeito meu de amar as estrelas
e de carregar nos ombros a esperança.
Um lanho injusto, lama na madeira,
a água forte de infância chega e lava.
Me fiz gente no meio de madeira,
as achas encharcadas, lenha verde,
minha mãe reclamava da fumaça.
Na verdade abri os olhos vendo madeira,
o belo madeirame de itaúba
da casa do meu avô no Bom Socorro,
onde meu pai nasceu
e onde eu também nasci.

Fui o último a ver a casa erguida ainda,
íntegros os esteios se inclinavam,
morada de morcegos e cupins.
Até que desabada pelas águas de muitas cheias,
a casa se afogou
num silêncio de limo, folhas, telhas.

Mas a casa só morreu definitivamente
quando ruíram os esteios da memória
                              de meu pai,
neste verão dos seus noventa anos.
Durante mais de meio século,
sem voltar ao lugar onde nasceu,
a casa permaneceu erguida em sua lembrança,
as janelas abertas para as manhãs

do Paraná do Ramos,
a escada de pau-d'arco
que ele continuava a descer
para pisar o capim orvalhado
e caminhar correndo
pelo campo geral coberto de mungubeiras
até a beira florida do Lago Grande
onde as mãos adolescentes aprendiam
os segredos dos úberes das vacas.

Para onde ia, meu pai levava a casa
e levava a rede armada entre acariquaras,
onde, embalados pela surdina das carapanãs,
ele e minha mãe se abraçavam,
cobertos por um céu insuportavelmente
estrelado.

Uma noite, nós dois sozinhos,
num silêncio hoje quase impossível
nos modernos frangalhos de Manaus,
meu pai me perguntou se eu me lembrava
de um barulho no mato que ele ouviu
de manhãzinha clara ele chegando
no Bom Socorro aceso na memória,
depois de muito remo e tantas águas.
Nada lhe respondi. Fiquei ouvindo
meu pai avançar entre as mangueiras
na direção daquele baque, aquele
baque seco de ferro, aquele canto
de ferro na madeira – era a tua mãe,

os cabelos no sol, era a Maria,
o machado brandindo e abrindo em achas
um pau mulato azul, duro de bronze,
batida pelo vento, ela sozinha
no meio da floresta.

Todas essas coisas ressurgiam
e de repente lhe sumiam na memória,
enquanto a casa ruína se fazia
no abandono voraz, capim-agulha,
e o antigo cacaual desenganado
dava seu fruto ao grito dos macacos
e aos papagaios pândegos de sol.

Enquanto minha avó Safira, solitária,
última habitante real da casa,
acordava de madrugada para esperar
uma canoa que não chegaria nunca mais.
Safira pedra das águas,
que me dava a bênção como
quem joga o anzol pra puxar
um jaraqui na poronga,
sempre vestida de escuro
a voz rouca disfarçando
uma ternura de estrelas
no amanhecer do Andirá.
Filho da floresta, água e madeira,
voltei para ajudar na construção
do morada futura. Raça de âmagos,
um dia chegarão as proas claras
para os verdes livrar da servidão.

DE UMA VEZ POR TODAS

(1996)

DA ETERNIDADE

Da eternidade venho. Dela faço
parte, desde o começo da vida
dos que me fizeram ser
até chegar ao que sou.
Transporto com a minha vida
a eternidade no tempo.
Menino deslumbrado com as águas,
os ventos, as palmeiras, as estrelas,
prolonguei sem saber a eternidade
que neste instante navega
no meu sangue fatigado.

Santiago, 1993.

A PALAVRA DESCONFIA

A palavra desconfia do poeta
como a mulher do homem.
Ambas se presumem atraiçoadas.
Inseguras, medrosas do destino
que lhes darão, do chão por onde as levam,
quando elas é que são as infiéis;
sabem ser tantas dentro de uma só.
Estrelada, a palavra se insinua,
me deslumbra, mas quando quero tê-la,
ela se esquiva, mal permite a pele
e inefável me espia impenetrável.

NA TRAVESSIA DO RIO

Posso dizer: preparado
para atravessar o rio.
Lá do outro lado não sei,
nem saber é meu ofício,
o que de mim será feito
pois lá sei que não serei
dono do meu escolher.

Por isso prefiro amar,
neste fim de madrugada
em que a vida recomeça,
quem de mim se faz distante
só por ter sido o que fui.
Fiz coisas além do sonho
que não sonhei em menino.
Fiz estrelas assombrosas,
com meu corpo dei delírios,
meus pés rasgaram caminhos
que de instintos inventei.
Construí constelações
no corpo que me abraçou.

Mal respirando, a menina
que em terra verde encontrei,
nos meus braços levantei

para entregá-la, assombrado
da miséria, a quem dizia:
não sofra, isso é todo dia,
é gente de pouca sina.

Posso dizer: preparado
estou para atravessar
agora mesmo estas águas.
Viajei sempre na proa,
não sou homem de porão.
Se a alguém na vida fiz dano,
se servi de chão de engano,
escrevo sereno e digo:
não foi fruto do meu coração.
A vida invade as vontades,
leva a rumos transviados
os pés do sonho dos homens.
Sei que os tempos, no plural,
os tempos estão chegados
para o sonho atravessar.

Porém muito mais que o tempo
e muito mais do que o rio
caudaloso que me leva
para a escurecida margem
– me importa ser o menino
nadando forte no rio
no meio do temporal,
levando nos meus cabelos,
nas mãos, nos olhos, no peito,
o pendão de uma certeza:

– estou bem perto da margem,
mas ainda me faltam águas,
e enquanto não chego lá
(a morte não vale mágoas)
posso dizer: estou vivo,
preparado para amar.

ARDE A FLÂMULA

Entrei no tempo (as Escrituras dizem)
no qual somente enfados e canseiras
marcam a vida desde o amanhecer.

A Palavra me perdoe.
Chego aos setenta e ao poder
de infância que faz viver,

no milagre do meu dia,
a alegria de servir
a quem de amor carecia.

Levo, flâmula, a confiança
de que amor há de erguer
no chão do mundo: a utopia.

Manaus, 30 de março, 1996.

O CORAÇÃO LATINO-AMERICANO

Incas, ianomamis, tiahuanacos, aztecas,
mayas, tupis-guaranis, a sagrada intuição
das nações mais saudosas. Os resíduos.
A cruz e o arcabuz dos homens brancos.
O assombro diante dos cavalos,
a adoração dos astros.
Uma porção de sangues abraçados.
Os heróis e os mártires que fincaram no
       tempo
a espada de uma pátria maior.
A lucidez do sonho arando o mar.
As águas amazônicas, as neves da
       cordilheira.
O quetzal dourado, o condor solitário,
o uirapuru da floresta, canto de todos os
       pássaros.
A destreza felina das onças e dos pumas.
Rosas, hortênsias, violetas, margaridas,
flores e mulheres de todas as cores,
todos os perfis. A sombra fresca
das tardes tropicais. O ritmo pungente,
rumba, milonga, tango, marinera,
       samba-canção.
O alambique de barro gotejando
a luz ardente do canavial.

O perfume da floresta que reúne,
em morna convivência, a árvore altaneira
e a planta mais rasteirinha do chão.
O fragor dos vulcões, o árido silêncio
do deserto, o arquipélago florido,
a pampa desolada, a primavera
amanhecendo luminosa nos pêssegos e nos
              jasmineiros,
a palavra luminosa dos poetas,
o sopro denso e perfumado do mar,
a aurora de cada dia, o sol e a chuva
reunidos na divina origem do arco-íris,
Cinco séculos árduos de esperança.
De tudo isso, e de dor, espanto e pranto,
para sempre se fez, lateja e canta
o coração latino-americano.

O TEMPO

A eternidade não depende de nós.
Precários seres, manchados de limites,
incapazes de dar vida
a qualquer coisa que dure para sempre
já nascem soletrando *Never more*.
Tudo o que o homem faz é perecível.
A começar pelo próprio homem,
ração diária predileta
do tempo, desde o instante
em que o tempo acompanhou
a expansão de uma galáxia:
um pássaro invisível,
as asas cheias de auroras,
de cujo bico escorria
o silêncio do arco-íris.

CAMPO DE MILAGRES

(1998)

OS ASTROS ÍNTIMOS

Para Aparecida

"Polvo, ceniza, cal: su ruina es ésa,
y renacer el rayo que no cesa.
No conoce el amor otro lenguaje."
Arturo Corcuera

Consulto a luz dos meus astros,
cada qual de cada vez.
Primeiro olho o do meu peito:
um sol turvo, meu defeito.

A moça amada adormece
desgostosa do que sou:
a estrela da minha fronte,
de descuidos se apagou.

Ela sonha mal do rumo
que minha galáxia achou.
Não sabe que uma esmeralda
se esconde na dor que dou.

A cara consigo ver,
sem tremor e sem temor,
da treva engolindo a flor.
Percorre a selva um espanto:

a constelação que outrora
ardente cruzava o campo
da noite, hoje mal demora
no fulgor de um pirilampo.

Mas vale ver que perdura,
serena em seu resplendor,
mesmo de luz esgarçada,
a nebulosa do amor.

Paraná do Limão,
Santiago de Cuba,
primavera de 1997.

MORTE MINHA

A morte me pertence. Digo a minha.
A que nasceu comigo. Vive em mim,
de mim vive. Depende do que sou
e do que faço. Do que faz comigo,
não faz por mal e tem todo o direito
de repartir comigo a vida dela.
Não me quer mal, a morte. Se dá bem
com as leis do meu ser e seus segredos
que talvez os conheça mais do que eu.

Aprecia o aconchego do meu corpo
onde nasceu e dele cada dia
se vem apoderando sem ganância.
De mim depende a morte. Não me quer
mal. Porventura seja minha amiga.
É verdade que bem faço por onde.
Por algo lhe sou o prato predileto.

Mal também não lhe quero. Companheira!
é de justiça que lhe diga. Finda
a vida, meu milagre e meu mistério,
a vida da qual sempre se valeu,
a minha morte há de morrer comigo.

Os dois, feitos um só, no que daremos?
O Além não me concerne. Fico aqui.

Parintins, Itatiba, 1998.

O ALFANJE DO TEMPO

Para Antonio Faria

O tempo é o grande milagre
da vida do homem no mundo.
Não tem começo nem fim.
Mas está vivo, animal
respirando imenso em tudo
que a gente quer, sonha e faz.

O tempo que já passou
te conta como vai ser
o tempo que vai chegar.
Tudo leva a sua marca,
de pétala ou de ferrão.

Tudo traz o seu condão:
a criança correndo, o rio
passando, a rosa se abrindo,
a lágrima da alegria,
o silêncio da amargura,
a luz-mansa da ternura,
o sol negro da pobreza.

O tempo é o nada que é nada.
O tempo é o tudo que é tudo,
o tudo que vira nada,
o nada virando amor,
o amor inventando estrelas,
a mais linda se apagou
na fronte da moça amada.

O tempo está no teu peito
chamando nas coronárias,
mas se esconde nas funduras
dos neurônios quando sonhas.
Está no fogo e no orvalho,
fermenta o pão que não chega,
arde o forno da esperança.

Alma do tempo é a mudança
que come o que vai mudando
e depois dorme sonhando
disfarçado de memória.

Nada perdura na vida,
a não ser o próprio tempo,
finge que passa, mas fica.
Imutável, modifica.

O tempo é o sol do milagre.
Cuidado, ele está chegando
na claridão da manhã.

A noite inteira ficou
no seu passo, te esperando,
de espreita em teu próprio sono.

Vem vindo para comer
na palma da tua mão.
Trata bem dele, aproveita,
enquanto há tempo, o que o tempo
permite ao teu coração.

Quem sabe ele vem trazendo
um alfanje? Ninguém sabe.
Pode ser uma canção.

Barreirinha estrelada, 1998.

O POEMA E O PAPAGAIO

§. Tudo é dança.

O papagaio está pronto,
só falta agora empinar.
O poema vai percorrer
o vento que merecer.

Como flecha, como dança
o papagaio no céu!
O poema parece imóvel,
mas lateja no papel.

MILAGRE PELO AVESSO

Freguesia do Andirá,
no coração da floresta.
O pedaço do planeta
onde me penetra paz
feita de água, verde e vento,
pássaros, nuvens alvíssimas,
corpos sólidos imóveis,
olhos imensos de espanto.

Freguesia do Andirá,
amor que lanha o meu peito.
Morada de gente triste,
desvalida e conformada
ao gosto insosso da vida.
E contudo solidária:
reparte o manjericão,
traz de presente uma flor,
sabe curar mau-olhado,
tirar a desmentidura,
e ver a boca do lago
dentro da noite de breu.

Freguesia, árvore humana,
carregadinha de crianças,
frutas de seiva travosa.

Haja peixe, o rio é bom,
só escasseia pela cheia.
Haja maniva na roça,
esperança de farinha,
o inverno chega e se acaba.

Freguesia do Andirá.
Meu verso inútil não lava
minha mágoa sem valia.
Quando hoje cheguei na beira
(varei águas tormentosas),
soube que a doce menina,
a que brincava comigo
e me inventava de criança,
se acabou, mal de febrão.

(Voa e pousa na palmeira,
asas tremendo, o gavião.)

Manhã de julho de 1998.

O OFÍCIO DE ESCREVER

Para Tenório Telles

Lendo é que fico sabendo:
o que escrevi já caiu
na vida. Não me pertence.
Leio e me assombro: as palavras
que arrumei com paciência,
severo de inteligência,
cuidando bem da cadência,
perseverante, escolhendo,
não escondo, as mais sonoras
e as que gostam mais de mim,
dando a cada uma o lugar
merecido no meu verso
(que desta ciência os segredos
me deu o tempo de ofício,
um exercício de amor),
pois as palavras começam
a dizer coisas que nunca
ousei pensar nem sonhar,
pássaros desconhecidos
pousando no meu pomar.

§. É quando descubro: a rosa
– rosa em carne de palavra,
não a rosa da roseira –
que chamei para o meu poema,
rosa linda, venha cá,
venha enfeitar o meu canto,
se transmuda, mal a leio,
num sonho que vai se abrir,
no espinho que vai ferir.

Só nesse instante descubro
que a rosa, para ser rosa,
no esplendor da identidade
com qualquer rosa do mundo
precisa ser inventada
pelo milagre do verbo.

BIOGRAFIA

Amadeu Thiago de Mello nasceu na cidade de Barreirinha, no Amazonas, no dia 30 de março de 1926. Ali viveu até os quatro anos, quando a família se transferiu para Manaus. Na capital do estado realizou os estudos iniciais. Aos nove anos de idade recitava, de memória, o poema "I-Juca-Pirama", de Gonçalves Dias, revelando desde cedo talento para a poesia.

Um episódio marcante de sua infância aconteceu quando, ao brincar com um papagaio de papel, percebeu que, num rio próximo, seu amigo Anísio estava se afogando. A tragédia veio a se consumar e, então, o poeta fez seus primeiros versos, que até há pouco permaneciam inéditos:

> Vi meu amigo morrer,
> Afundando num perau.
> O que vai acontecer?*

Aos quinze anos, transferiu-se para o Rio de Janeiro, onde cursou até o quarto ano da Faculdade de Medicina. O curso foi trocado pela vocação de poeta, com a prática jornalística no meio, a fim de garantir a sobrevivência.

Estreou em 1951 com o livro *Silêncio e palavra*, saudado com entusiasmo pela crítica literária brasileira.

Nomes como o de Álvaro Lins, Manuel Bandeira, José Lins do Rego, Tristão de Ataíde e Sérgio Milliet viram em sua obra inexcedíveis e duradouras qualidades artísticas.

Perseguido pela ditadura militar que se implantou no Brasil em 1964, viveu um longo período no exílio, permanecendo no Chile até a derrubada do governo socialista de Salvador Allende. Naquele país se tornou amigo do grande poeta Pablo Neruda, um traduzindo os poemas do outro. Neruda, inclusive, chegou a escrever ensaios sobre a obra do brasileiro.

É membro da Academia Amazonense de Letras, para onde foi eleito, na década de 1950, por unanimidade e à sua revelia – segundo declarações do próprio poeta.

Considera sua poesia bastante autêntica, pois não busca apenas a elegância formal, de resto apenas um acessório. No que escreve se joga por inteiro, com vigor e emoção.

---

* Declaração dada ao poeta Zemaria Pinto, na revista *Amazônia Viva* (ano 1, nº 16, abril-maio de 2008).

VIDA LITERÁRIA

POESIA

Silêncio e palavra. Rio de Janeiro: Hipocampo, 1951. (Edição comemorativa dos 50 anos do livro: Manaus: Valer, 2001).

Narciso cego. Rio de Janeiro: José Olympio, 1952.

A lenda da rosa. Rio de Janeiro: José Olympio, 1956.

Vento geral (reunião dos livros anteriores e mais livros inéditos: *Romance do primogênito, O andarilho e a manhã, Tenebrosa acqua, Toadas de cambaio e Ponderações que faz o defunto aos que lhe fazem o velório*). Rio de Janeiro: José Olympio, 1960.

Faz escuro mas eu canto. Rio de Janeiro: Civilização Brasileira, 1965. (19ª edição: Rio de Janeiro: Bertrand Brasil, 2000).

A canção do amor armado. Rio de Janeiro: Civilização Brasileira, 1966. 7ª edição: 1993.

Horóscopo para os que estão vivos. Rio de Janeiro: Civilização Brasileira, 1966. 4ª edição: São Paulo: Martins Fontes, 1988. Em edição de luxo, ilustrada e editada por Ciro Fernandes: Rio de Janeiro, 1982.

Poesia comprometida com a minha e a tua vida. Rio de Janeiro: Civilização Brasileira, 1975. 7ª edição: 1991.

Os Estatutos do Homem. Com desenhos de Aldemir Martins. São Paulo: Martins Fontes, 1977. 6ª edição: 1991. Em edição de luxo: Manaus: Valer, 1999.

Mormaço na floresta. Rio de Janeiro: Civilização Brasileira, 1981. 3ª edição: 1993.

Vento geral (1951-1981). Rio de Janeiro: Civilização Brasileira, 1984.

Num campo de margaridas. Rio de Janeiro: Civilização Brasileira, 1986.

De uma vez por todas. Rio de Janeiro: Civilização Brasileira, 1996. 2ª edição: Rio de Janeiro: Bertrand Brasil, 1998.

Campo de milagres. Rio de Janeiro: Bertrand Brasil, 1998.

Poemas preferidos pelo autor e seus leitores: edição comemorativa dos 75 anos do autor. Rio de Janeiro: Bertrand Brasil, 2001. 3ª edição: 2006.

PROSA

Notícia da visitação que fiz no verão de 1953 ao rio Amazonas e seus barrancos. Rio de Janeiro: Ministério da Educação, 1957. 2ª edição: Rio de Janeiro: Civilização Brasileira, 1989.

A Estrela da Manhã. Estudo de um poema de Manuel Bandeira. Rio de Janeiro: Ministério da Educação, 1968.

Arte e ciência de empinar papagaio. Manaus: BEA, 1983. 2ª edição: Rio de Janeiro: Civilização Brasileira, 1985.

Manaus, amor e memória. Manaus: Suframa, 1984 (em edição de luxo). 2ª edição: Rio de Janeiro: Civilização Brasileira, 1989.

Amazonas, pátria da água. Livro que contém poemas inseridos em meio à prosa, já em si mesma muito poética. Rio de Janeiro: Civilização Brasileira, 1989. 5ª edição: Rio de Janeiro: Bertrand Brasil, 2001. Edição de luxo, bilíngue (português/inglês), com fotografias de Luiz Cláudio Marigo: São Paulo: Sverner-Bocatto, 1991.

Amazônia, a menina dos olhos do mundo. Rio de Janeiro: Civilização Brasileira, 1992.

O povo sabe o que diz. Rio de Janeiro: Civilização Brasileira, 1993.

Borges na luz de Borges. São Paulo: Pontes Editores, 1993.

A arte de traduzir. Florianópolis: Museu da Poesia Manuscrita, 2000.

PUBLICAÇÕES NO EXTERIOR

Madrugada campesina. Tradução de Armando Uribe Arce. Santiago do Chile: CEB, 1962.

Poemas. Tradução de Pablo Neruda. Ilustração de Eduardo Vilches. Edição de luxo, fora do comércio.

Horóscopo. Santiago do Chile: Edição Mario Toral, 1964.

Os Estatutos do Homem. Lisboa: Edições Itau, 1968.

Los Estatutos del Hombre. Tradução de Pablo Neruda. Montevidéu: Club de Grabado, 1973. 12ª edição: 1980.

What Counts is Life. EUA: Geo Pflaum Publisher, 1970. 2ª edição: 1972.

Canto de amor armado. Buenos Aires: Ediciones Crisis, 1973.

Poesia comprometida com a minha e a tua vida. Lisboa: Moraes, 1975.

A canção do amor armado. Lisboa: Moraes, 1975.

Dio Statuten den Menschen. Wuperttal: Peter Hammer Verlag, 1976.

Gesang der Bewffnaten Lieben. Wuperttal: Peter Hammer Verlag, 1976.

Poesia de Thiago de Mello. La Habana, Cuba: Casa de las Américas, 1977.

Chant de l'Amour Armé. Paris: CERF, 1979.

Los Estatutos del Hombre. Quito, Equador: Poesia, 1980.

Os Estatutos do Homem. Correio da Unesco, com tradução para mais de trinta idiomas. 1982.

Horoscop für alles, die am leben sind. Wuperttal: Jugenddienst Verlag, 1984.

Amazonas, Land of Water. Tradução de Charles Cutler. EUA: *The Massachussetts Review*, 1986.

Statutes of Man. Tradução de Richard Chappel. Londres: Spenser Books, 1994.

"I go on Shaped Like a Word" – A Tribute to Thiago de

Mello. EUA: Center for Amazonian Literature and Culture, Smith College, 1996.

Aun és Tiempo. Santiago do Chile, Fondo de Cultura Económica, 1998.

TRADUÇÕES

Antologia poética de Pablo Neruda. Rio de Janeiro: Letras e Artes, 1963.

A terra desolada e os homens ocos, de T. S. Eliot. Edição bilíngue, fora de comércio. Santiago do Chile, 1964.

Salmos, de Ernesto Cardenal. Rio de Janeiro: Civilização Brasileira, 1983.

A vida no amor, de Ernesto Cardenal. Rio de Janeiro: Civilização Brasileira, 1984.

Poesia completa de Cesar Vallejo. Rio de Janeiro: Philobiblion, 1985.

Sóngoro Cosongo e outros poemas, de Nicolás Guillén. Rio de Janeiro: Philobiblion, 1986.

Debaixo dos astros, poesia de Eliseo Diego. São Paulo: Hucitec, 1994.

Os versos do capitão, de Pablo Neruda. Rio de Janeiro: Bertrand Brasil, 1995. 4ª edição: 2000.

Cântico cósmico, de Ernesto Cardenal. São Paulo: Hucitec, 1996.

Cadernos de Temuco, de Pablo Neruda. Rio de Janeiro: Bertrand Brasil, 2ª edição: 2000.

Presente de um poeta, de Pablo Neruda, Rio de Janeiro: Vergara e Riba, 2001.

DISCOGRAFIA

Poesias de Thiago de Mello. Locução do autor. Rio de Janeiro: Discos Festa, 1963.

Thiago de Mello, Poemas y canciones. Havana: Casa de las Américas, 1968.

Dio Statuten den Menschen. Cantata para orquestra e coro. Música de Peter Jansens. República Federal da Alemanha, 1976.

Thiago de Mello, palabra de esta América. Havana: Casa de las Américas, 1985.

Mormaço na floresta. Locução do autor. Rio de Janeiro: Som Livre, 1986.

Os Estatutos do Homem e poemas inéditos. Locução do autor. Rio de Janeiro: Paulinas, 1992.

PRÊMIOS LITERÁRIOS

Prêmio Jabuti 1997, pelo livro *De uma vez por todas*.

Prêmio Jabuti 1999, pelo livro *Campo de milagres*.

ÍNDICE

Veredas líricas de Thiago de Mello 7

SILÊNCIO E PALAVRA (1951; 2001)

Na manhã do milênio 19
Silêncio e palavra 21
Canto rasteiro 23
Acalanto para o náufrago 24
Poema de nossas mortes 26
O muro invisível 30
O pássaro louco 31
Barcos e ventos 33
A torre 34
Senhora 38
Viagem 40
Rumo 42
Encontro com o pai 43
O trabalho 46
Da poesia 48
Último poema do marinheiro 50
Romance de Salatiel 51

NARCISO CEGO (1952)

Narciso cego 59
O chão do mundo 61
Legião 62
O morto 64
O saber escasso 66
Arabesco 67
A rosa branca 68

ROMANCE DO PRIMOGÊNITO (1952)

Palavras ao nascituro 73
O crescimento 77
Solilóquio ao pé do berço 79

O ANDARILHO E A MANHÃ (1953-1955)

Sugestão 85
Poema do transviado 88
O defunto 89
Confidência a Manuel na manhã do seu dia 93
As dádivas guardadas 95
Cantiga quase de roda 97
Terceto de amor 100
Poema de Natal, quase de amor 101

TENEBROSA ACQUA (1954)

Episódio primeiro: Os barcos 105

Episódio segundo: As águas 108
Episódio terceiro: Os ventos 111
Episódio quarto: O barqueiro 113
Episódio quinto: A caravela 115

A LENDA DA ROSA (1956)

Os fundamentos 119
A multidão desabraçada 121

TOADAS DE CAMBAIO (ATÉ 1959)

Facho de cinzas 127
Toada de cambaio 128
O açude 131
As estranhezas humanas 133
Exercício na frágua da aurora 136

PONDERAÇÕES QUE FAZ O DEFUNTO AOS QUE LHE FAZEM O VELÓRIO (1960; 1974)

Primeira parte 139
Segunda parte 142
Terceira parte 145
Quarta parte 152
Quinta parte 155

FAZ ESCURO MAS EU CANTO (1965; 1999)

A vida verdadeira 161

Os Estatutos do Homem 165

Canção para os fonemas da alegria 169

Poema de quarto centenário 172

Madrugada camponesa 175

Cantiga de claridão 177

A raiz 179

Janela do amor imperfeito 181

A aprendizagem amarga 182

Botão de rosa 183

Poema perto do fim 184

Água de remanso.. 185

A CANÇÃO DO AMOR ARMADO (1966)

Tempo de rebeldia 189

Canção do amor armado 191

Poema da praça desterrada 194

Iniciação do prisioneiro 195

Meditação no reino da pantera azul 197

POESIA COMPROMETIDA COM A MINHA E A TUA VIDA (1975)

É preciso fazer alguma coisa 205

É natural, mas fede 208

A verdade 211

Mormaço de primavera 212

Ainda não é o fim 213

O sol que instiga 215

Um favo para a Isabella 216
Campina e janela 217

MORMAÇO NA FLORESTA (1981)

Como um rio 221
As ensinanças da dúvida 223
Quando a verdade for flama 224
[O meu filho morreu de madrugada] 225
[Ontem sonhei com três rinocerontes] 226

NUM CAMPO DE MARGARIDAS (1986)

Confidência para ser gravada na lâmina da água ... 229
Antimemória 230
Me assombro de ser feliz 231
Num campo de margaridas 232
Tercetos de amor 233
[Só agora aprendi] 234
[Vi quando a rosa se abriu] 235
[Não sei quando é o mar] 236
[Na entressombra] 237
[Tua mão me confiou] 238
[Um pássaro enorme] 239
[Te amar] 240
[Sal de tantas perdas] 241
[Pássaro] 242
[Brilha um dorso] 243
[Todas da razão] 244

[Acho o meu caminho] 245
[Amor] 246
[Na noite calada] 247
[Que tempo?] 248
[Amor não se agradece] 249
[Até em meu sono] 250
[Quem todo não se dá] 251
O tempo dentro do espelho 252
[O tempo não existe] 252
[O tempo passa?] 253
[Para cumprir-se] 254
[O tempo é a sombra e a luz do pensamento] 255
[Tempo] 255
[Amor que mede o seu tempo] 256

AMAZONAS, PÁTRIA DA ÁGUA (1987)

[Eu venho desse reino generoso] 259
[Filho da floresta, água e madeira] 260

DE UMA VEZ POR TODAS (1996)

Da eternidade 265
A palavra desconfia 266
Na travessia do rio 267
Arde a flâmula 270
O coração latino-americano 271
O tempo 273

CAMPO DE MILAGRES (1998)

Os astros íntimos 277
Morte minha 279
O alfanje do tempo 280
O poema e o papagaio 283
Milagre pelo avesso 284
O ofício de escrever 286

Biografia 289

Vida literária 291